SCRUM Y ALGO MÁS.

UN FRAMEWORK Y MUCHOS APRENDIZAJES
PARA CREADORES ÁGILES.

MARTIN ALAIMO

MTN LABS LLC

a Daniela (ella sabe por qué).

ÍNDICE

ALGUNAS NOTAS ACERCA DE ESTE LIBRO

Muchos de los conceptos y enfoques que verás plasmados en este libro pueden sonar contrarios a la intuición "tradicional" de comprender el mundo del trabajo, el diseño y la creación de productos. Por esto me comprometo a ser claro, sincero y concreto. Una vez comprendida la forma de trabajar con Scrum, la puesta en práctica puede volverse un verdadero desafío, justamente por esta naturaleza contra intuitiva. Dado que me he dedicado a esto a lo largo de los últimos 20 años, primero con Extreme Programming (XP), luego con Scrum y Large Scale Scrum (LeSS), puedo afirmar que cada rincón de este libro ha funcionado.

No es fácil, requiere un esfuerzo considerable de perseverancia, confianza y determinación para no flaquear frente al primer desafío al que te enfrentes. Afortunadamente, esta forma de trabajar viene convirtiéndose en la cotidianidad de muchas personas, y ahora las condenso en unas cuantas páginas para que lleguen a muchas más.

Dos aclaraciones. La primera es que, lamentablemente, no he inventado nada de todo esto, pero creí en ello y lo puse en práctica cuando empecé a percibir que la forma en la que estaba trabajando anteriormente no me servía. La segunda aclaración es que las chances de que te salga bien al primer intento son pocas. Por eso te traigo errores comunes y recomendaciones que he recopilado durante mi historia de trabajo con Scrum.

Te garantizo que si empiezas a ver el mundo del trabajo con estos nuevos lentes, pronto notarás cuánto mejoran los resultados y cuánto más se disfruta el camino.

A TI TE HABLO

Hola, soy Martín. En 2013 publiqué el libro *Proyectos Ágiles con Scrum*[1]. Dos años más tarde invité a Martín Salías a sumar aportes para la segunda edición.

Desde esos tiempos a la fecha, experimenté infinidad de aprendizajes, a tal punto que muchos aspectos hoy los veo desde un lugar muy diferente que deseo compartir.

Esto me llevó a querer publicar un nuevo libro que fuera más fiel a mi perspectiva actual y que, al mismo tiempo, integre la evolución que tuvo la agilidad y Scrum desde aquellos días. "Scrum y algo más" se nutre de "Proyectos Ágiles con Scrum" en su esencia. Fui cuidadoso de conservar en este trabajo el material que considero que sigue siendo fundamental para la conversación de nuestros días. Al mismo tiempo, he sido feliz testigo de la evolución de la Agilidad y de los beneficios inesperados que ella nos sabe regalar. Uno de los grandes hallazgos para mi fue comprender que las enseñanzas de Scrum trascienden el mundo del software. Allí fue donde nació como resultado de los retos que nos trajo la aceleración de la innovación tecnológica. Desde ese entonces no ha parado de crecer como un pulpo que abraza a tantas industrias como podamos imaginarnos.

Cuando se producen cambios de fondo, nuestro lenguaje se adapta orgánicamente para representar de mejor manera nuestra realidad. Por ello me he tomado la licencia de efectuar en el libro algunas reformulaciones sugiriendo el uso de otras palabras que considero más representativas de nuestra actualidad. Por ejemplo, a veces donde originalmente se hablaba de "software" me inclino por la alternativa de "producto". Y creo que los cambios no son solo conceptuales. Yo mismo fui objeto de la revolución de la agilidad pudiendo aplicarla a mi empresa, y creo que cada vez más emprendedores del conocimiento vivirán este proceso en carne propia. La agilidad no deja de evolucionar, y espero que este libro tenga la capacidad de reflejarlo, aunque sea imperfectamente.

Tal vez te has preguntado a qué me refiero con el "y algo más" que digo en el título. "Algo más" significa para mí todo aquel universo de ejemplos, conocimientos y reflexiones, propias o prestadas de otros autores, enfoques, herramientas y disciplinas que he descubierto en la práctica que se llevan muy bien con Scrum sin necesariamente estar relacionados en su génesis. Confío que incorporar estos elementos heterogéneos ayudarán a enriquecer tu pensamiento y perfeccionar tus acciones alineadas con Scrum, tal como han contribuido en mi formación.

Uno de los grandes retos que encontré en este camino de inspección y adaptación que comparto es decidir a quién le quisiera hablar con este libro. Mi deseo es dirigirme a una persona que quiere aprender o actualizarse. Hasta aquí siento que no estoy siendo muy específico.

La persona que imagino que le hablo tiene la fortuna de hacer lo que le gusta, o está en el camino de lograrlo. Es alguien que tiene en sus manos el poder de cambiar su realidad para hacerla más disfrutable, y con ello, mejorar la realidad del mundo del trabajo. Deseo que esa persona seas tú, y a ti te hablaré en cada página de este libro con ese espíritu. Cada idea, cada ejemplo, cada cosa que traigo a la mesa lo hice pensando en ti y en cómo ayudarte a que tu trabajo sea un poquito más cómodo y disfrutable gracias a Scrum.

Imagino que puedes haber llegado a esta obra básicamente en dos escenarios. Tal vez seas un ávido practicante de Scrum que busca superarse constantemente. Lo que tengo para ofrecerte son las reflexiones de mi experiencia que espero dialoguen con las tuyas para aumentar tu caja de recursos para abordar entornos complejos. Pensando en ese nivel de expertise, he agregado "capas" de información de las que espero puedas extraer mucho jugo si logro mi cometido de desafiar tus creencias. Mi invitación es que recorras el libro sin seguir al pie de la letra el índice que para ti podría ser una mera formalidad.

Alternativamente, esta experiencia puede ser uno de tus primeros acercamientos a Scrum. Deseo que encuentres en estas páginas las respuestas a muchas de las preguntas que imagino que tienes y, por sobre todo, una vía simple y clara para traer Scrum a tu vida.

La agilidad en general, y Scrum en particular, me llevaron a un mundo nuevo que cambió la mía para siempre. Aquí te lo acerco para que también tengas la oportunidad de hacer crecer la tuya si sientes que puedes tomar algo que tenga sentido para ti.

Una última nota: si al terminar este libro, algún día vuelves a él en busca de una respuesta o material para alimentar una reflexión, mi objetivo de compartir este viaje contigo será más que superado.

I

FUNDAMENTOS

1

INTRODUCCIÓN

Tengo la tendencia a presentar el origen de la agilidad como una consecuencia de la incompatibilidad del modelo en cascada con la gestión de proyectos en entornos cada vez más complejos. Entre los anexos te dejo un repaso de esa historia reciente, donde además incluyo el Reporte CHAOS de 1994 que puso de manifiesto algunas dificultades en las tasas de éxito de los proyectos bajo las metodologías de gestión prevalecientes en aquel entonces. Es en esta década cuando surgieron varios movimientos identificados con el nombre de Metodologías Livianas (*Lightweight Methodologies*) que ofrecieron alternativas más afines a la complejidad. Entre estos se encuentran Extreme Programming (XP), Scrum, Software Craftmanship, Lean Software Development, etc.

Más tarde, en febrero de 2001, se reunieron en Utah (EE.UU.) un grupo de diecisiete profesionales del desarrollo de software, y referentes de las metodologías livianas existentes al momento, con el objetivo de determinar los valores y principios que les permitirían a los equipos desarrollar software de forma más acertada con las necesidades del cliente y responder mejor a los cambios que pudieran surgir a lo largo de un proyecto de desarrollo. Se pretendía ofrecer una alternativa a los procesos de desarrollo de software tradicionales, caracterizados en esos tiempos por la rigidez y dominados por la documentación.

En esta reunión se creó la Agile Alliance, una organización sin fines de lucro cuyo objetivo es el de promover los valores y principios de la filosofía del desarrollo ágil de software y ayudar a las organizaciones en su adopción. También se declaró la piedra angular del movimiento ágil, conocida como Manifiesto por el Desarrollo Ágil de Software (Manifesto for Agile Software Development)[1].

Antes de seguir, propongo detenernos unos instantes en dos reflexiones. En primer término, qué era eso de la complejidad a fines del siglo XX y qué interpreto que es en la década del 2020. El 9 de Mayo de 1990, Peter Degrace y Leslie Hulet Stahl publicaron el libro "Problemas perversos, soluciones rectas: un catálogo de paradigmas de la ingeniería moderna"[2] que frecuentemente se lo cita como el precursor de Scrum. En ese momento, el principal reto que enfrentaba el mundo del software era el desarrollo de soluciones corporativas con una docena de usuarios que solicitaban cambios casi que mensualmente. Hoy, casi 30 años más tarde, imagínate la cantidad de usuarios que tienen aplicaciones como Spotify, Uber, AirBnB, Facebook, Instagram, Amazon, etc. y con qué frecuencia entregan nuevas versiones respondiendo a su demanda y a la evolución del negocio y la tecnología. No es muy difícil imaginar que aquella complejidad de los 90's hoy es de varios órdenes de magnitud.

En segundo lugar, qué simboliza en mi opinión esto de contar con un manifiesto que fue la piedra fundacional y que se sigue enseñando hasta nuestros días. El Manifiesto para el Desarrollo Ágil de Software, más allá de dar unidad e identidad a una serie de métodos y patrones de práctica, ha determinado el surgimiento de un movimiento. Un movimiento en el que cada uno de quienes nos acercamos a él y nos sentimos cautivados, desde ese preciso momento pasamos a formar parte responsable de cómo los valores, principios y prácticas ágiles se llevan a la realidad de las organizaciones, a la vez que construimos nuevos enfoques, los probamos y mejoramos con vistas al futuro. Esto hace que el manifiesto, luego de 20 años siga tan vivo y presente como en sus orígenes.

2

MANIFIESTO POR EL DESARROLLO ÁGIL DE SOFTWARE

El Manifiesto por el Desarrollo Ágil de Software se compone de 4 valores y 12 principios. Te voy a presentar cada uno de ellos, llevándolo deliberadamente desde el ámbito del desarrollo de software al de creación de productos de manera genérica, para aproximarnos a su esencia tanto como sea posible.

Valores

1. Individuos e interacciones sobre procesos y herramientas

Las personas son el principal factor de éxito a la hora de la creación de productos. Es más importante construir un buen equipo que construir el contexto. Muchas veces se comete el error de construir primero el entorno de trabajo y esperar que el equipo se adapte. Por entorno me refiero a: la oficina, los escritorios, los computadores, el software, los procesos de trabajo, etc. Por el contrario, la agilidad propone crear primero el equipo y que éste construya su propio entorno y procesos en base a sus necesidades.

Mito: no debe haber procesos ni herramientas.

Contrariamente a una creencia popular, este valor no significa no tener procesos ni herramientas. El propósito es expresar la importancia de que los procesos y herramientas que utilices sean emergentes de tu propia experiencia, que las personas de tu equipo y las interacciones entre ellas sean quienes determinan sus propios procesos y herramientas.

Cuando nos adentremos en el mundo de Scrum volveré sobre este punto y la naturaleza emergente de los procesos de desarrollo de productos.

2. Producto funcionando sobre documentación extensiva[1]

La regla para seguir es "no producir documentos a menos que sean necesarios de forma inmediata para tomar una decisión importante". Prefieres tener documentos cortos y centrados en lo esencial para no engañarte a ti ni a tus clientes con un avance sin valor. La documentación (diseño, especificación técnica de un producto) no es más que un resultado intermedio y su finalidad no es dar valor en forma directa al cliente. Medir avance en función de resultados intermedios se convierte en una simple "ilusión de progreso" que quieres evitar.

La razón es que aquellos resultados intermedios en los cuales te "imaginas" un escenario futuro, por ejemplo, diseños funcionales, diseños técnicos, diagramas de interacciones, mapas de experiencia de usuarios, etc., siempre funcionan bien en el mundo de las ideas, es decir, en un nivel intelectual.

La sorpresa suele aparecer cuando el producto deja de estar en ese nivel intelectual y pasa a estar en un plano práctico, donde las cosas que en las ideas funcionaban, ya no lo hacen en la realidad. Si hubieses capitalizado el progreso basándote en los entregables intermedios, en este punto deberías dar varios pasos para atrás, al darte cuenta de que no habías avanzado tanto como creías. A eso es a lo que yo llamo "la ilusión del progreso".

Mito: no debe haber documentación.

Este valor no promueve la falta de documentación, sino su minimización como elemento intermedio. De hecho, mucha documentación tiene el propósito de dejar evidencias de lo hecho, por lo tanto, no tiene sentido confeccionarla con anticipación a la existencia del producto. Este problema lo puedes resolver mediante el uso de varias técnicas de ingeniería inversa que podrían generar documentación final a partir de lo construido, evitando al mismo tiempo el divorcio entre la documentación y la realidad del producto.

3. Colaboración con el cliente sobre la negociación contractual

Se propone que exista una interacción constante entre el cliente y el equipo de desarrollo de producto. Esta mutua colaboración será la que dicte la marcha de la evolución de los productos y asegure su éxito. La base de la colaboración es la comunicación efectiva con el cliente. No sólo debemos verlo como una forma más certera de llegar al resultado final, sino como un camino deseable para evitar disgustos propios y ajenos a tiempo, brindándonos mayor comodidad en nuestro trabajo al ahorrarnos sorpresas, la necesidad de llenar espacios vacíos con suposiciones y despejar las falsas expectativas.

A diferencia de los enfoques tradicionales donde la interacción con el cliente se realiza principalmente al inicio durante la definición del producto, en los entornos ágiles esta interacción debe verse reflejada constantemente debido a que el producto está en continua redefinición a causa de los aprendizajes y cambios del entorno.

Mito: no debe haber contratos ni expectativas.

Este valor no implica la inexistencia de contratos o expectativas de parte de los clientes, interesados o sponsors, simplemente pretende dejar explícita la necesidad de abrir canales de comunicación y espacios de colaboración entre los miembros del equipo de desarrollo de producto y los clientes.

4. Responder ante el cambio sobre seguir un plan

La habilidad de responder a los cambios que puedan surgir a lo largo del esfuerzo de desarrollo de los productos (cambios en las necesidades, en la tecnología, en el equipo, etc.) determina también su éxito o fracaso. Por lo tanto, la planificación no debe ser estricta sino flexible y abierta.

Debes tener la disposición a replanificar frecuentemente, a medida que vayas aprendiendo y descubriendo nuevas formas de resolver los problemas y necesidades no vistas anteriormente.

Mito: no debe haber planes.

Una creencia habitual es aquella que declara que si hay planes no se es ágil. Esto no es así. La gran mayoría de los marcos ágiles implican planificar frecuente y evolutivamente.

En un contexto ágil, lo que buscas es planificar lo mínimo posible, solo para el horizonte temporal en el cual tienes certeza, dejando el resto a más alto nivel y sujeto a cambios, porque aceptas que hay incertidumbre.

Principios

Los valores anteriores son los pilares sobre los cuales se construyen los doce principios del Manifiesto Ágil. Los dos primeros principios son generales y resumen gran parte del espíritu ágil de construcción de productos, mientras que los siguientes son más específicos y orientados al proceso o al equipo de desarrollo:

1. Nuestra mayor prioridad es satisfacer al cliente mediante la entrega temprana y continua de productos que aporten valor.
2. Aceptamos que los requisitos cambien, incluso en etapas tardías del desarrollo. Los procesos Ágiles aprovechan el cambio para proporcionar ventajas competitivas al cliente.
3. Entregamos producto funcionando frecuentemente, entre dos semanas y dos meses, con preferencia al periodo de tiempo más corto posible.
4. Los responsables de negocio y los desarrolladores trabajamos juntos de forma cotidiana durante todo el proyecto.
5. Los proyectos se desarrollan en torno a individuos motivados. Hay que darles el entorno y el apoyo que necesitan, y confiarles la ejecución del trabajo.
6. El método más eficiente y efectivo de comunicar información

al equipo de desarrollo y entre sus miembros es la conversación cara a cara.

7. El producto funcionando es la medida principal de progreso.

8. Los procesos Ágiles promueven el desarrollo sostenible. Los interesados, desarrolladores y usuarios debemos ser capaces de mantener un ritmo constante de forma indefinida.

9. La atención continua a la excelencia técnica y al buen diseño mejora la Agilidad.

10. La simplicidad, o el arte de maximizar la cantidad de trabajo no realizado, es esencial.

11. Las mejores arquitecturas, requisitos y diseños emergen de equipos auto-organizados.

12. A intervalos regulares el equipo reflexiona sobre cómo ser más efectivo para a continuación ajustar y perfeccionar su comportamiento en consecuencia.

3

CYNEFIN: LA COMPLEJIDAD QUE NOS RODEA

Antes de hacer hincapié en Scrum en sí mismo, quiero invitarte a revisar el contexto para el cual Scrum es más eficiente. Para ello puedes utilizar el marco Cynefin[1] de terminología actualizada y originalmente publicado en 2003 para comprender las diferentes situaciones en las que te puedes encontrar operando, y cuál es, según este enfoque, la manera más eficiente de responder a cada una de ellas al tomar decisiones.

El marco Cynefin compara las características de cinco dominios de complejidad diferentes: claro, complicado, complejo, caótico y confundido, en el centro. Analicemos cada uno de ellos.

Dominio Claro

En este dominio se opera con problemáticas simples y conocidas de antemano (lo que sabes que sabes).

Es muy fácil identificar las causas y sus efectos. Por lo general, la respuesta correcta es clara, conocida por todos e indiscutible. En este dominio existen reglas claras y mejores prácticas, soluciones conocidas para problemas conocidos.

Los procesos más eficientes en este dominio son aquellos que especifican una serie lógica de pasos y se ejecutan de manera repetitiva, una y otra vez. Ejemplos de este dominio son la producción en serie, la instalación en muchos clientes de un mismo sistema.

Quienes habitan este mundo utilizan *checklists* y manuales de procedimientos para resolver los mismos problemas una y otra vez.

Si bien Scrum puede funcionar de forma parcial en este contexto, los procesos compuestos por pasos bien definidos son mucho más eficientes como, por ejemplo, *waterfall*.

Dominio Complicado

En este dominio encontrarás problemas complejos, buenas prácticas y perfiles expertos. Aquí te enfrentas a problemas que sabes anticipadamente que no conoces. Hay múltiples soluciones correctas para una misma problemática, pero se requiere del involucramiento de expertos para poder identificarlas. Un ejemplo típico de este escenario es la solución de un problema de performance en un software o base de datos, la sincronización de semáforos en un cruce de 3 avenidas, la búsqueda de eficiencia en la distribución logística de mercaderías, la construcción de una planta procesadora de residuos, etc.

Si bien Scrum podría emplearse, no necesariamente sea la forma más eficiente de resolver estas situaciones, donde funcionaría mejor un conjunto de expertos en la materia que releven la situación, investiguen diferentes alternativas y planteen la solución en base a las buenas prácticas.

Dominio Complejo

Cuando te enfrentas a problemas complejos, los resultados se vuelven más impredecibles. Estás frente a problemáticas que no sabes que no conoces. No existen ni mejores ni buenas prácticas catalogadas para las situaciones frente a las cuales te puedes encontrar. Simplemente, no sabes con anticipación si una determinada solución va a funcionar. Solo puedes examinar los resultados y adaptarte. Este es el dominio de las prácticas emergentes.

Las soluciones encontradas rara vez son replicables, con los mismos resultados, a otros problemas similares. Para poder operar en la complejidad necesitas generar contextos donde haya lugar para la experimentación y donde el fallo sea de bajo impacto. Se requieren niveles altos de creatividad, innovación, interacción y comunicación.

Este es un contexto complejo en el que es preferible utilizar un modelo de trabajo que permita actuar, inspeccionar y adaptar constantemente el resultado y las prácticas utilizadas. Por ejemplo, muchas personas utilizan su carro a diario para moverse desde su hogar a su lugar de trabajo. La mayoría de las veces el camino es el mismo, pero hay ciertas ocasiones en que surgen eventos inesperados que hacen que la persona deba buscar un camino alternativo, como por ejemplo tránsito excesivo, obras viales, algún desperfecto en un semáforo, manifestaciones, un accidente, etc. Este nuevo camino que la persona realiza no necesariamente lo planifica en su totalidad antes de salir de su casa, sino que lo va construyendo en el momento que va conduciendo. Primero dobla hacia la derecha, luego a la izquierda, hace cinco calles, luego vuelve a doblar, y así sucesivamente va construyendo ese camino emergente, *just in time*.

Aquí habita el desarrollo de nuevos productos o la incorporación de nuevas características en productos existentes. Vamos construyendo el producto (el camino) a medida que lo vamos descubriendo.

Dominio Caótico

Los problemas caóticos requieren una respuesta inmediata. Estás en crisis y necesitas actuar lo antes posible para restablecer cierto orden. Imagina que el sistema de despacho de vuelos en un aeropuerto de alto tráfico deja de funcionar. Este no sería un escenario para utilizar Scrum, aquí debes actuar de inmediato, tomar el control y mover la situación fuera del caos. Por ejemplo, solucionar el problema inmediatamente (sin importar la forma técnica), para luego, una vez fuera del caos, evaluar y aplicar una solución más robusta.

Este es el dominio de la improvisación.

Dominio Confundido

Te mueves en el espacio confundido cuando no sabes en qué dominio estás. Se la clasifica como una zona peligrosa, ya que no puedes medir las situaciones ni determinar la forma de actuar.

Es muy típico que las personas interpreten las situaciones y actúen en base a preferencias personales. El gran peligro del dominio desordenado es actuar de manera diferente a la que se necesita para resolver ciertos problemas.

Por ejemplo, mucha gente en el ámbito del desarrollo de software está acostumbrada al desarrollo secuencial, por fases, detalladamente planificado utilizando las mejores prácticas de la industria, y este enfoque, que corresponde al dominio claro o complicado, muchas veces se aplica en el dominio complejo.

Si te encuentras en el espacio desordenado o confundido, todo lo que hagas debe estar enfocado netamente en salir de ese espacio hacia un dominio mejor identificado, para luego actuar de la manera en que dicho dominio lo requiera.

4

CONTROL DE PROCESOS

Hay dos tipos principales de control de procesos: empírico y predictivo.

El control de proceso predictivo espera que cada pieza del trabajo sea comprendida por completo de forma anticipada mientras que el control de proceso empírico "espera lo inesperado".

Control de Procesos Predictivo

Imagínate sosteniendo un arco y una flecha, apuntando a un blanco que se encuentra a 50 metros de ti. Calculas, orientas la flecha, tensionas la cuerda y finalmente... ¡sueltas la flecha!

En el instante previo a soltarla has tomado dos decisiones: la fuerza que deseabas imprimirle a la flecha a través del arco y la orientación de la flecha.

Para tomar esas dos decisiones has tenido en cuenta una serie de variables como la dirección e intensidad del viento, la distancia y la diferencia de altura con el blanco, el peso de la flecha, la tensión de la cuerda, la dureza del arco, etc.

Una vez que sueltas la flecha, ella viajará a través del aire con dirección al blanco. Para que las decisiones que tomas al momento de soltar la flecha sean efectivas y dé en el blanco, asumiendo que eres una persona competente en tiro con arco y flecha, necesitarás que los valores de esas variables que has contemplado se mantengan constantes, es decir, que no cambien.

Si cualquiera de estas se altera, por ejemplo, la intensidad del viento, su dirección o la distancia al blanco, tu decisión se verá invalidada.

Como dijimos antes, un método de control de procesos predictivo requiere conocer anticipadamente todos los factores intervinientes para tomar las mejores decisiones de control.

El control de proceso predictivo, entonces, se representa por lo general mediante un conjunto de pasos bien definidos. Cuando te encuentras en un entorno con una incertidumbre relativamente baja, que se puede predecir con facilidad, deberías priorizar el uso de un control de procesos predictivo.

Un control de procesos predictivo tiene las siguientes características:

- Planificar detalladamente lo que se espera que suceda
- Buscar el cumplimiento del plan, muchas veces de forma independiente de la condición de cambio
- Utilizar procesos de control de cambios dada la naturaleza costosa del cambio en sí

Control de Procesos Empírico

Hemos dicho que esperamos lo inesperado. En este tipo de enfoque, el progreso del trabajo está ligado a la inspección y adaptación en lugar de la planificación detallada de forma anticipada.

Al construir un producto mediante el control de procesos empírico se busca trabajar con base en hechos, hipótesis y aprendizajes. Las características principales de esta forma de trabajar son:

- Descubres a medida que construyes

- Aceptas el cambio
- Inspeccionas y adaptas frecuentemente

Imagínate la misma situación hipotética del caso anterior. Estás con el arco y la flecha, pero el viento es variable en intensidad y dirección. El blanco se mueve aleatoriamente hacia adelante, atrás, a ambos lados y hacia arriba y abajo.

Tú, además, estás sobre una plataforma que se eleva y baja de manera aleatoria. Podríamos decir que es casi imposible dar en el blanco. Casi que no interesa la decisión que tomes a la hora de soltar esa flecha, las probabilidades de dar en el blanco son remotas.

Excepto que tengas la máquina del tiempo y puedas entonces detenerlo periódicamente para revisar la trayectoria de esa flecha. Piensa cómo sería: pones pausa al tiempo, revisas dónde está el blanco, hacia dónde va el viento, qué intensidad tiene; inspeccionas la trayectoria de la flecha con respecto al blanco y la adaptas para incrementar las posibilidades de acierto dadas las nuevas condiciones. Reanudas el tiempo y, unos segundos más tarde, vuelves a poner pausa. Inspeccionas y adaptas nuevamente. Y así sigues, inspeccionando y adaptando la trayectoria de la flecha a medida que avanza y cambian las variables del entorno.

Acabas de poner en práctica un control de procesos empírico. Si hicieras una analogía con Scrum, esos periodos entre pausa y pausa serían un Sprint. Scrum es un modelo de control de procesos empírico. Volveré sobre este punto más adelante, cuando te cuente acerca de los pilares de Scrum: transparencia, inspección y adaptación.

5

APLICABILIDAD DE SCRUM

He expresado que la aplicación de Scrum tiene sentido cuando estás frente a situaciones complejas: cuando no hay certezas y esperas cambios. Dado que es un marco, que no solo te permite construir el producto, sino al mismo tiempo descubrir cuál es ese producto que necesitas construir.

En mi experiencia, he identificado tres preguntas claves para poder decidir el uso o no uso de Scrum:

1. ¿Cuánta seguridad posees de que el producto que tienes en mente va a resolver la necesidad que pretendes resolver?
2. ¿Cuánta seguridad tienes que la tecnología escogida va a resolver la necesidad que pretendes resolver?
3. ¿Cuál es la naturaleza del trabajo del equipo: trabajo principalmente mecánico o trabajo principalmente cognitivo?

Incertidumbre de producto o tecnológica

Sin la seguridad de que el producto que vas a construir o la tecnología que vas a emplear vayan a resolver la necesidad, aunque conozcas con lujo de detalles el alcance del producto, en realidad me animaría a decir que no conoces qué es lo que hay que construir o cómo hay que emplear la tecnología para sí resolver esa necesidad. Aquí tiene sentido utilizar Scrum.

Por el contrario, si tienes seguridad de que el producto a construir y la tecnología a emplear resolverán el problema que se pretende resolver, entonces, no tiene tanto sentido utilizar Scrum.

Naturaleza del trabajo

Con respecto a las personas y la naturaleza de su trabajo, si ésta es principalmente mecánica o física, entonces no tiene tanto sentido el empleo de Scrum, pero si cognitiva/creativa, entonces existe alta probabilidad que Scrum sea un enfoque adecuado.

Habiendo recorrido entonces la teoría detrás de Scrum, te propongo nos movamos de lleno a su definición y estructura.

6

DEFINICIÓN DE SCRUM

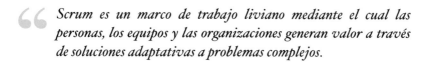 *Scrum es un marco de trabajo liviano mediante el cual las personas, los equipos y las organizaciones generan valor a través de soluciones adaptativas a problemas complejos.*

- Guía de Scrum

Te propongo que analicemos esta definición de Scrum identificando que sí es Scrum y que no es Scrum.

¿Qué sí es Scrum?

Scrum sí es un marco de trabajo liviano que proporciona una estructura mínima para poder construir una solución de forma evolutiva.

Scrum es un diseño deliberadamente incompleto y minimalista. Cualquier persona, equipo u organización que desee crear productos de calidad con Scrum deberá complementarlo con técnicas y prácticas específicas de su industria. Scrum te dice qué hacer y no te dice cómo hacerlo.

La generación de valor a través de Scrum implica la creación de un producto de forma tal que lo puedas ver funcionando muy frecuentemente a medida que crece y evoluciona. De esta manera lo podrás inspeccionar y adaptar todo lo que consideres necesario.

Este enfoque sólo tiene sentido si estás frente a problemas complejos e inciertos, donde no solo debes construir un producto, sino también descubrir en paralelo qué producto construir.

¿Qué no es Scrum?

Scrum no es un enfoque para gestionar proyectos ni equipos. En Scrum no hay gerentes que dirijan y controlen el trabajo que realizan las personas del equipo. Específicamente en este punto, Scrum se basa en la capacidad de autogestión del equipo, quien tiene completa autonomía para elegir en qué trabajar, cómo hacerlo y quiénes lo hacen dentro del equipo.

Scrum no es una metodología con procesos, subprocesos, inputs y outputs. Scrum no es un método para hacer seguimiento detallado, día a día, de las tareas individuales de los miembros del equipo Scrum. Scrum no sirve si lo que quieres es seguir haciendo lo mismo, pero más rápido.

7

EL GUEPARDO Y LA GACELA

Era una tarde muy calurosa en la sabana africana. Mientras los leones, las hienas y los leopardos duermen, una sombra se desplaza entre el matorral. Este es su momento, esa sombra es del guepardo.

A lo lejos se ve un tumulto de gacelas al cual, sigilosamente, se acerca el guepardo. De repente frena, mira, escoge. Una vez identificada su presa, inicia al instante una carrera que lo llevará a poder sostener velocidades cercanas a los 110 km/h por hasta 500 metros.

La gacela lo ve venir.

Inmediatamente emprende la huida. Sabe que, si compite por velocidad, sus 80 km/h no tienen esperanzas.

Mientras huye ve acercarse al guepardo. Para maximizar su probabilidad de escapar, recurre a un poder secreto: su capacidad de cambiar de dirección a bajo costo.

A diferencia del guepardo, cuya visión está preparada para ver de lejos y con claridad, la gacela tiene una mejor visión periférica que le brinda una orientación espacial mucho mayor. Sumado a su musculatura y esqueleto liviano, todo esto le permite cambiar la trayectoria de huida de forma abrupta.

Entonces hace eso, vira repentinamente a la derecha. El guepardo, que se acercaba a unos 100 km/h, mueve el centro de gravedad de su cuerpo, hace fuerza con sus patas, mueve su cola, pero a pesar de todo ello, no puede contra la fuerza de su propia inercia. Y se pasa de largo.

Retoma la carrera hacia la gacela, aumenta su velocidad, ya casi la tiene, solo unos metros más... y ¡PAF! La gacela vira abruptamente hacia el otro lado. ¡MALDICIÓN! El guepardo vuelve a perder su objetivo.

Así siguen un rato más. Hasta que el guepardo necesita parar porque está exhausto. La gacela, en tanto, se aleja ya tranquila, hacia la inmensidad del pastizal.

El guepardo es más rápido que la gacela. La gacela es más ágil que el guepardo. El guepardo está preparado para recorrer mucho en poco tiempo. La gacela está preparada para cambiar de rumbo a bajo costo. La velocidad del guepardo le impide cambiar tan fácilmente su dirección. La gacela prefiere no ir tan rápido para poder girar sin que la inercia le gane.

Scrum no es ir rápido con vista de túnel. Scrum es cambiar de dirección a bajo costo, con visión periférica.

Scrum te hace gacela. Scrum no te hace guepardo.

8

NO APRENDES PENSANDO

Aprendes haciendo y observando. El conocimiento es información, el aprendizaje es acción.

Aprender es poder hacer algo que antes no podías hacer. Incorporar información no es aprender, es conocer más. Incorporar acción sí es aprender, es hacer más de forma efectiva.

Debes aprender cuál es el producto correcto para generar en las personas los comportamientos que quieres promover.

Ese aprendizaje no lo vas a lograr en el campo intelectual, lo vas a lograr en el campo práctico, haciendo, observando, analizando la puesta en práctica, descubriendo el uso que las personas le dan a los productos que construyes.

Aprendes observando y adaptando. Observando y adaptando. Observando y adaptando.

9

TRANSPARENCIA, INSPECCIÓN Y ADAPTACIÓN

Scrum es un marco que te permite controlar el proceso de manera empírica, apoyándose en la observación para inducir la adaptación. Sus pilares son la transparencia, la inspección y la adaptación.

Imagínate esas antiguas y colosales locomotoras a vapor que impulsaban sus ruedas mediante unos brazos que recorrían toda su longitud a cada lado.

Si Scrum fuera unas de esas locomotoras, cada brazada sería un periodo de aprendizaje que llamaremos Sprint.

Los Sprints de Scrum, al igual que las brazadas de las locomotoras a vapor, vienen uno detrás del otro, sin prisa, pero sin pausa. Cada Sprint te servirá para aprender y mejorar.

Las locomotoras a vapor tienen dos juegos de ruedas y brazos, cada uno va por una vía. Un juego a la derecha, yendo por la vía derecha y un juego por la izquierda, yendo sobre la vía izquierda. En Scrum estas vías son las vías del producto y del proceso. En definitiva, son dos vías y cuando Scrum avanza, Sprint tras Sprint, van a ir buscando mejoras en la vía del producto y mejoras en la vía del proceso. Al primero lo llamaremos evolución del producto y al segundo lo llamaremos mejora continua del proceso.

Dentro de un Sprint de Scrum hay varios eventos. Cada uno de esos eventos está relacionado de una u otra forma con alguno de los tres pilares, transparencia-inspección-adaptación, y con alguna de esas dos vías: evolución del producto o mejora continua del proceso.

Transparencia

Ser transparente implica hacer visible la información deliberadamente.

Las decisiones importantes que tomes en Scrum están atadas a la información con la que cuentas. Para que las decisiones no sean riesgosas es preciso que esa información esté visible y al alcance de todos los involucrados. Lograrás transparencia visibilizando los artefactos y garantizando a todos, equipo e interesados, el acceso a los mismos.

La transparencia va en ambas direcciones, no solo del equipo Scrum hacia afuera, sino también desde los interesados hacia el equipo Scrum.

La confianza también incrementa la transparencia. Sentir que estás creando un ambiente donde hay confianza, donde las personas no necesitan cuidarse de los demás, donde todos se respetan entre sí propicia a que cada uno cuente abiertamente lo que ve y diga lo que piensan. Eso también es transparencia.

Inspección

Tanto la evolución del producto como las mejoras en el proceso de creación deben ser inspeccionados de forma frecuente. La evolución del producto te acercará o te alejará del objetivo buscado. Esos desvíos los irás descubriendo en el camino, es decir, dado que estás en un contexto complejo donde no tienes capacidad de predecir (por eso utilizas Scrum), debes inspeccionar si los supuestos en los que has basado las decisiones son adecuados o no. Esto lo podrás hacer una vez que el producto haya evolucionado, no antes.

En Scrum hay un artefacto que te permitirá inspeccionar la evolución del producto, lo llamamos Incremento, y un evento hacia el final de cada Sprint destinado a inspeccionar ese Incremento de producto, lo llamamos Sprint Review.

La mejora continua del proceso de creación del producto te hará ser más o menos eficiente en tu trabajo, Sprint tras Sprint. Esa mejora también debe ser inspeccionada para asegurarte que los supuestos, en los cuales has basado tus decisiones de cambio en la forma de trabajar, fueron los correctos. Todo Sprint culmina inspeccionando los cambios al proceso y su eficiencia. Esto sucede en un evento que llamamos Retrospectiva.

Como puedes ir deduciendo, para que estas inspecciones de producto, en el Sprint Review, y de proceso, en la Retrospectiva, sean eficientes, es necesario que todo esté bajo un manto de transparencia. De lo contrario es probable que termines inspeccionando una realidad que no es tal y tomando decisiones incorrectas.

Adaptación

Si descubres que el producto se está desviando considerablemente de su objetivo o el proceso está saliendo de ciertos límites tolerables, deberás tomar decisiones de adaptación. Esta adaptación deberá producirse tan pronto como sea posible para evitar incurrir en mayores desvíos.

En la Retrospectiva es donde tomarás decisiones de adaptación del proceso, eso implica, decisiones de cambio en la forma de trabajar.

Apenas comenzado un nuevo Sprint tomarás decisiones de adaptación del producto. Scrum tiene un evento dedicado a esto, lo llamamos Sprint Planning.

Como ves, Scrum fomenta el cambio tanto en el proceso como en el producto. Scrum está diseñado deliberadamente para dar lugar a prácticas emergentes del aprendizaje y la adaptación, además de motivar cambios de alcance sucesivos con respecto al producto.

10

SCRUM SIN VALORES ES UNA CAJA VACÍA

El éxito de Scrum radica en la capacidad que tengas de llevarlo adelante abriéndote a cinco valores: compromiso, foco, franqueza, respeto y coraje.

Estos valores determinan tu dirección con respecto al trabajo que realizas, las acciones que emprendes y el comportamiento que muestras.

Debes tener presentes estos valores en cada uno de los eventos de Scrum. Cuando encarnas los valores de Scrum, junto al resto de tu equipo y los interesados, logras sacar el máximo provecho de los pilares de transparencia, inspección y adaptación.

Cualquier decisión que tomes sobre la mejora continua del proceso, debe resguardar estos valores y no ir contra ellos.

Ahora, veamos a qué se refieren estos valores.

Compromiso

 El equipo Scrum se compromete a lograr sus objetivos y a apoyarse entre ellos.

- Guía de Scrum

Tu compromiso con el resto del equipo Scrum está por encima de los intereses personales. Te comprometes a apoyar a los otros miembros, a actuar con solidaridad y empatía, a colaborar, a crear un incremento de calidad, a hacer tu trabajo de forma profesional. Te comprometes con el objetivo del producto, te comprometes a ser parte de un equipo autogestionado y multi-funcional, a buscar la mejora continua, a seguir los valores y principios del manifiesto ágil. A ser transparente y a desafiar el status-quo.

Te comprometes a llevar adelante Scrum en su totalidad, no solo las partes fáciles. Te comprometes a hacer tu mejor esfuerzo, aunque no puedas garantizar el resultado.

Una conducta que he observado en varias oportunidades y que muchos de mis estudiantes traen a las conversaciones es aquella en la que se le exige al equipo entregar al final del sprint todo aquello que al iniciarlo había seleccionado. Es decir, se toma el trabajo escogido para el Sprint como un compromiso irrenunciable en vez de como lo que realmente es, un pronóstico.

Esta interpretación errónea de este valor se sustenta en la también errónea interpretación de Scrum como metodología predictiva. Hay una creencia que el compromiso es del equipo para con el Incremento y significa entregar sí o sí aquello a lo que se comprometió en el Sprint. Ten cuidado de no caer en esta creencia en la cual el compromiso es un contrato tácito y un elemento de presión para que el equipo entregue cierto Incremento.

Foco

El foco principal del equipo Scrum está puesto en el trabajo del Sprint para lograr el mayor progreso posible hacia el objetivo.

- Guía de Scrum

Te enfocas en lo más importante, y lo más importante en este momento es el trabajo de este Sprint para lograr un Incremento de producto. El Sprint es un evento de tiempo preestablecido y fijo (a esto llamamos time-box) con un objetivo y un Incremento ya planificado. Durante el Sprint tu máxima prioridad es construir ese Incremento.

Uno de los aspectos que más cuesta en la puesta en práctica de este valor es la tentación de hacer cosas "por las dudas que se necesiten en un futuro". Recuerda, debes trabajar solo en lo que es importante ahora y no en lo que puede llegar a ser importante en el futuro. Estás en un contexto complejo y anticiparte demasiado podría hacerte pagar un alto precio por basar tus decisiones en supuestos equivocados.

Otros peligros que atentan contra el foco son las interrupciones durante el Sprint con reuniones imprevistas o trabajo referente a temas no incluidos en el Sprint o perteneciente a otros equipos. Todas estas situaciones debes evitarlas para no corromper el valor potencial de Scrum. Enfócate en lo que hay que hacer ahora, trabaja en un solo equipo.

Decir que no es un desafío al cual muchos de nosotros nos enfrentamos frecuentemente. En este sentido puedo recomendarte la fórmula "Sí-No-Sí"[1]. En las palabras de su autor: "A diferencia de un No ordinario que comienza con un No y termina con un No, un No positivo comienza con un Sí y termina con un Sí". Entonces, las partes serían:

1. ¡Sí! (afirmación): comienza diciéndote sí a ti antes que a los demás. Protege con este sí aquello que es importante para ti y prepara el terreno para el No que sigue a continuación.
2. No (límite): Establece el límite con el No.
3. ¿Sí? (propuesta): finaliza con un Sí que ofrece otra solución a la solicitud de la persona.

Por ejemplo, cuando un gerente intenta involucrar a un desarrollador en una reunión no planificada con un cliente en medio de un Sprint, así es como podrías responder usando la fórmula Sí-No-Sí:

- "¡Gracias por tu interés en involucrar a Juan en la reunión! Sabes, Juan ha tomado una decisión hace unos días, junto con el resto de su equipo, y está comprometido con el logro de un objetivo determinado para el próximo viernes, para lo cual necesita estar enfocado en ese trabajo.

Me temo que si Juan dedica tiempo a esta reunión estaría peligrando el logro de ese objetivo, no solo a nivel individual, sino también a nivel de equipo, con la exposición que eso pueda llegar a tener, dado que tenemos agendada una reunión con los stakeholders quienes van a estar revisando el resultado. Por lo tanto, desafortunadamente Juan no va a poder participar de esta reunión que estás solicitando.

Lo que sí podríamos hacer es reagendar esa reunión para algún momento en que Juan tenga disponibilidad de tiempo sin afectar el trabajo con su equipo o, eventualmente, buscar otra persona que pueda cubrir su lugar en la reunión. ¿qué te parece?"

Adicionalmente, evita que las personas trabajen de manera aislada, una consecuencia habitual si se distribuyen el trabajo y se dedica cada uno a sus temas. El equipo Scrum es mucho más efectivo si se enfocan todos en unos pocos temas a la vez (uno o dos) y luego de terminarlos se mueven a los siguientes, en conjunto, colaborando. Este enfoque ayuda a reducir el desperdicio al minimizar la acumulación de trabajo en progreso.

El sentido de responsabilidad compartida de todos los miembros del Equipo Scrum los enfoca en el resultado colectivo por sobre los logros individuales.

Frente a la incertidumbre, el foco también te ayudará a evitar el análisis-parálisis. Debes concentrarte en tener un Incremento funcionando en unas pocas semanas, no te enredas en tus propios pensamientos creyendo que analizando las posibilidades llegarás a la respuesta correcta ya que en un entorno complejo esto rara vez funciona. La clave es experimentar y validar en los hechos y no en los supuestos.

Estar enfocado significa que harás una cosa a la vez. Antes de comenzar algo nuevo, asegúrate de haber terminado lo anterior.

Franqueza

 El equipo Scrum y los interesados muestran franqueza con respecto al trabajo y a los desafíos.

- Guía de Scrum

La naturaleza empírica de Scrum requiere que aprendas a partir de la inspección frecuente de la realidad. Pero ¿cómo? Para que la realidad que veas sea lo más cercana a la verdad posible, necesitas un ambiente transparente. Esa transparencia no se manifestará si en primer lugar no hay honestidad. Para sacar el mayor provecho posible de este valor, mi interpretación es que la honestidad o franqueza en el contexto de Scrum podemos concebirla en una doble vía.

La franqueza dentro del Equipo Scrum contribuye a generar un ambiente en donde las personas se sienten cómodas pidiendo ayuda y brindándola. Fomentará la solidaridad, la búsqueda de acuerdos, la expresión de los diferentes puntos de vista y una mejor toma de decisiones.

Si los miembros del equipo abrazan la franqueza como un valor, bajarán tus defensas y la necesidad de cuidar tu imagen frente a la posibilidad de cometer un error o equivocación. Ser abierto te permitirá admitir los errores y cambiar de dirección sin apegos como parte del ejercicio de inspección y adaptación continua.

Para poder ser sinceros con los demás, también debemos practicar la franqueza para con nosotros mismos. Por ejemplo, si logramos una humilde honestidad frente a nuestras capacidades y falencias, sabremos qué aprendizajes nos están faltando y posiblemente tendremos mayor tolerancia con nuestro entorno.

Este valor llevado a su extremo, lo cual requiere del coraje, nos puede ayudar a experimentar comodidad frente a lo desconocido y a encontrar una mayor cantidad de soluciones novedosas a problemas difíciles. Desafortunadamente, en mi experiencia este es un valor estratégico donde hay mucho trabajo por hacer. Intuyo que esto se debe a la cultura, en la que estamos sumergidos, con escasa tolerancia al error y la necesidad de "sostener una cierta imagen", entre otros factores. Soñemos por un instante: ¿Te imaginas un mundo donde podemos equivocarnos y no sentir que pagamos un alto precio por ello? ¿Cuánta más liviandad podríamos entregar a nuestras vidas y cuánta más innovación seríamos capaces de traer a nuestro mundo?

Respeto

 Los miembros del Equipo Scrum se respetan entre sí como personas capaces e independientes y son respetados como tales por las personas con quienes ellos trabajan.

- Guía de Scrum

No importa el rol que ocupes, muestra respeto por tus compañeros de equipo, por sus habilidades, experiencias y competencias.

Muestra respeto por su derecho a decidir cómo hacer su trabajo. Respeta sus decisiones y opiniones, tienes una gran oportunidad de aprender de ellas. Cuando las personas se sienten escuchadas y tenidas en cuenta es más probable que apoyen las decisiones del equipo, aun estando en desacuerdo. Eso se llama consentimiento.

Juzga las acciones y respeta a las personas. Esto garantizará un ambiente mucho más seguro para poner en práctica la mejora continua.

Y por sobre todas las cosas, respétate a ti. Di "no" cuando sientas la necesidad de decir que no. Al hacerlo enalteces tu autonomía y legitimidad como persona. No aceptes el status-quo si crees que se puede mejorar.

Coraje

 Los miembros del Equipo Scrum tienen el coraje de hacer lo correcto y de trabajar en problemas difíciles.

- Guía de Scrum

Coraje es valentía. Eres valiente cuando decides construir solo aquello que aporta valor y no trabajar en las cosas que nadie utilizará. Valentía es enfocarte en lo que es importante ahora y no en lo que podría llegar a ser importante en el futuro.

Eres valiente cuando no dudas en poner manos a la obra, aun sabiendo que ningún plan es perfecto y que habrá retos por delante.

Eres valiente cuando reconoces abiertamente que no se lograron hacer aquellas cosas que se pretendía realizar. Valentía es no utilizar excusas. Valentía es hacerte cargo de lo que suceda. Valentía es no fingir frente a tus clientes mostrando cosas no terminadas.

Eres valiente cuando compartes toda la información que tienes para beneficiar al resto del equipo y a la organización, en especial cuando muchos podríamos haber sido educados con la premisa de "la información es poder". En un contexto colaborativo como Scrum, muestras valentía cuando eres transparente, aun sintiendo presión por no serlo.

Hacer las cosas correctamente, sin atajos ni baja calidad también es ser valiente.

Eres valiente cuando efectúas reclamos a tus compañeros de equipo cuando faltan a sus compromisos, sin importar el rol que ocupen.

Muestras valentía al admitir que los supuestos sobre los cuales basaste tus decisiones no fueron los correctos. Eres valiente cuando lo aceptas y cambias de dirección. Valentía es asumir tus errores abiertamente. Valentía es reconocer que no tienes acceso a la información completa y que tus puntos de vista pueden cambiar a medida que aprendes. Valentía es ser humilde en lo intelectual.

Eres valiente cuando asumes el reto de construir algo que nunca has construido, aun sin tener garantías de que funcionará. Eres valiente cuando embarcas a tus clientes en un camino de aprendizaje conjunto, sin prometerles resultados que en realidad son inciertos.

Cuando eres Scrum Master, demuestras valentía al buscar la mejora continua enfrentando los impedimentos organizacionales, el status-quo y la resistencia al cambio, yendo más allá de los límites del equipo.

II

ARTEFACTOS

INTRODUCCIÓN

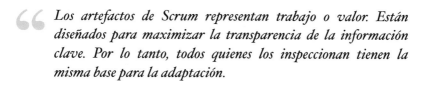 *Los artefactos de Scrum representan trabajo o valor. Están diseñados para maximizar la transparencia de la información clave. Por lo tanto, todos quienes los inspeccionan tienen la misma base para la adaptación.*

- Guía de Scrum

En capítulos anteriores te he contado que Scrum es un proceso empírico de control enfocado en la evolución del producto y la mejora continua del proceso.

Scrum tiene tres artefactos, los cuales se podrían definir como elementos que contienen información. Entonces, cada artefacto reúne y visibiliza toda la información necesaria para tomar decisiones periódicas de adaptación correspondientes a un compromiso en particular. Aquí los listo y más adelante describo cada uno con mucho mayor detalle:

Product Backlog

- Contiene: las necesidades de mejora del producto
- Compromiso: lograr el Objetivo del Producto

Sprint Backlog

- Contiene: el plan del sprint
- Compromiso: lograr el Objetivo del Sprint

Incremento

- Contiene: una porción de producto terminada
- Compromiso: lograr un nivel de acabado que llamaremos "Definición de Terminado" (Definition of Done).

Ahora sí, vayamos a los detalles de cada uno.

12

PRODUCT BACKLOG

 El Product Backlog es una lista emergente y ordenada de lo que se necesita para mejorar el producto.

- Guía de Scrum

El Backlog del Producto es básicamente un listado de ítems (*Product Backlog Ítems*, PBIs) que representan las características del producto a construir. Esta lista de PBIs es un elemento vivo y emergente, que cambia constantemente a medida que aprendes más y más acerca del producto. Es mantenida y ordenada por el *Product Owner* y es la única fuente del trabajo que hace el Equipo Scrum.

Todos los PBIs que componen el *Product Backlog* tienen una razón de existir, y esa razón es cumplir con cierto Objetivo de Producto.

Visión de Producto

La visión del producto es la descripción del propósito del producto. Debería responder la pregunta ¿para qué lo quieres construir? o ¿qué quieres lograr?

A la fecha, Scrum no hace referencia a una visión de producto, por lo que no podemos decir que sea un artefacto de Scrum, aunque es muy recomendable contar con ella. Por ejemplo, la visión de Spotify es "Ser una plataforma cultural donde los creadores profesionales puedan liberarse de las limitaciones de su medio y donde todos puedan disfrutar de una experiencia artística inmersiva que nos permita sentir empatía entre nosotros y sentirnos parte de un todo mayor". La visión de Google es "proporcionar acceso a la información del mundo con un solo click".

¿Coincidimos en que ninguna de estas visiones se puede medir, ni tienen un horizonte temporal? De hecho, suenan, ambiciosas si no es que utópicas. Para poder medir tu progreso hacia la realización eventual de la visión de producto, debes determinar una consecución de Objetivos de Producto.

Objetivo del Producto

El Objetivo del Producto sí está definido dentro de Scrum. Es un hito futuro que deseas lograr a través del producto, pero no mide alcance sino resultado. Por ejemplo: incrementar un 200% las suscripciones de clientes de Asia a las categorías Plus y Premium.

El camino hacia la visión de producto podrá contar con una serie de objetivos de producto diferentes a lo largo del tiempo. Tu Equipo Scrum deberá alcanzar un objetivo (o abandonarlo) antes de perseguir el siguiente.

Ordena el Product Backlog

Como te comenté antes, todos los *PBIs* del *Product Backlog* existen para lograr un cierto Objetivo de Producto. Dar un orden claro a los *PBIs* es esencial porque justamente este orden determinará la estrategia de evolución del producto y las prioridades con las cuales los desarrolladores transformarán los *PBIs* en Incrementos de producto.

Hago una distinción deliberada entre priorizar y ordenar. En mis años de experiencia he visto que cuando se habla de priorizar, una opción es acomodar el todo en tres grandes grupos: prioridad alta, media y baja. A diferencia de eso, los *PBIs* de un *Product Backlog* deben estar en una fila, nunca compartiendo un mismo grupo, salvo ciertas excepciones que ya veremos, por eso me refiero a ello como "ordenados" en fila.

Este ordenamiento es responsabilidad exclusiva del *Product Owner* y, aunque todos dentro del equipo pueden hacer sugerencias o recomendaciones, es el Product Owner quien tiene la última palabra acerca del orden definitivo de los ítems del *Product Backlog*, teniendo en cuenta el contexto de negocio, el producto mismo y el mercado en el que está inserto.

Ordenado por aporte al objetivo del producto

Una forma en la que puedes ordenar los ítems del *Product Backlog* es según su aporte al objetivo del producto. Podemos entenderlo como la relevancia que un ítem tiene para el cumplimiento del objetivo del producto.

Si planteáramos un ejemplo que ilustre el aporte de los *PBIs* con respecto al objetivo del producto, podríamos decir: en un producto cuyo objetivo es aumentar la afluencia de alumnos y facilitar la comunicación de los contenidos de las diferentes carreras de una universidad, se ha decidido crear un sitio web con diferentes características que se encuentran listadas en el *Product Backlog*. Dos de ellas son 1) que el alumno pueda acceder a los programas de estudios de las diferentes carreras y sus contenidos y 2) que el alumno pueda efectuar el pago en línea de su matrícula y cuotas utilizando una tarjeta de crédito.

En esta situación, podrías pensar que el *PBI* que representa el pago online con tarjeta de crédito tiene un aporte mayor al objetivo de producto que darle acceso a los alumnos a los contenidos de los programas de estudio, cuando la realidad es a la inversa: 1) el hecho de que un alumno pueda acceder a los contenidos de los programas de las diferentes carreras tiene un aporte mayor hacia el cumplimiento del objetivo del producto (aumentar la afluencia de alumnos e incrementar la comunicación de los programas) que lo que el pago online podría aportar y 2) un alumno podría seguir abonando con tarjeta de crédito de forma telefónica o por transferencia bancaria.

Ordenado por retorno de la inversión (ROI)

Un enfoque diferente que puedes emplear para determinar la prioridad de un ítem del *Product Backlog* es calcular el beneficio económico que se obtendrá en función del esfuerzo que se deba invertir. Esto, si bien es una simple fórmula matemática, tiene implícita la problemática de encontrar o conocer el valor económico ganado por la incorporación de una determinada característica a un producto. Una vez identificada, el cálculo es relativamente simple:

$$\textbf{ROI} = \text{beneficio/costo}$$

Donde el costo representa el esfuerzo necesario para la construcción de una determinada característica de un producto y el beneficio es el rédito económico obtenido por su incorporación.

Ordenado por importancia y riesgo

Ya sea que ordenes los ítems del *Product Backlog* por aporte al objetivo del producto o por ROI, en cualquier caso, llamémosle "ordenar por importancia", éstos pueden verse afectados por el nivel de riesgo asociado a cada uno de ellos.

De esta manera, deberías aprovechar la construcción iterativa y evolutiva de Scrum para mitigar riesgos en forma implícita: construyendo primero aquellos *PBIs* con mayor riesgo asociado y dejando los que poseen menor riesgo para etapas posteriores.

Se recomienda que los *PBIs* de baja importancia y alto riesgo sean evitados.

Alcance Variable

Dado que no te es posible conocer de manera anticipada el producto que debes construir para alcanzar los objetivos, es de esperar que vayas aprendiendo de los clientes, descubriendo el negocio y validando tus supuestos. Scrum es un viaje de descubrimiento que emprendes junto a tus clientes y, bajo este escenario, el *Product Backlog* debe ser un elemento vivo que se adapta constantemente, al ritmo de tu aprendizaje y del *feedback* frecuente.

Si bien, tradicionalmente, el alcance se ha intentado fijar desde el comienzo, y así manejar el costo y el tiempo como los elementos variables, desde la agilidad, esta ecuación se invierte: el tiempo y el costo son los componentes fijos del proyecto, mientras que el alcance es el componente variable, dado que es lo que no conocemos de forma anticipada.

El Principio de Pareto

Wilfredo Pareto nació en 1848 en Italia, donde creció formando parte de la clase media alta. Fue un reconocido ingeniero, sociólogo, economista, político y filósofo. Uno de sus estudios más reveladores, en aquella época, dejó al descubierto que el 80% de las tierras de Italia pertenecían el 20% de la población. A partir de ese descubrimiento, varios matemáticos y economistas derivaron esas observaciones y las verificaron en otros ámbitos. Uno de ellos fue Joseph Juran, quien en 1941 planteó el Principio de Pareto (o regla del 80/20) aplicado a la calidad: el 80% de los efectos son producidos por el 20% de las causas. Esta ley también se conoció como el principio de los pocos vitales (el 20% principal que genera el 80% más importante) y los muchos triviales (el 80% restante que genera el 20% remanente).

Aplicando este principio al desarrollo de productos, podrás encontrar que aproximadamente el 20% de las características de un producto resuelve el 80% de la necesidad que le da origen. Y, de manera recursiva, el 20% del 80% restante de las características, resuelven el 80% del 20% restante de la necesidad.

Manejo de Contingencias

Aprovechando que el alcance es variable y que todo lo que se construye está ordenado en el *Product Backlog* según su aporte al objetivo del producto, vamos a utilizar los *PBIs* menos prioritarios como la contingencia frente a imprevistos. Esto quiere decir que, al respetar tiempo y costo, el alcance de menor prioridad sería el que pagaría el precio de retrasos o desvíos. Para que este enfoque sea eficaz, es fundamental la labor del *Product Owner* y su habilidad para facilitar el descubrimiento de las prioridades por parte de todos los involucrados.

13

SPRINT BACKLOG

El Sprint Backlog se compone del Objetivo del Sprint (por qué), el conjunto de PBIs seleccionados para el Sprint (qué), así como un plan de acción para entregar el Incremento (cómo).

- Guía de Scrum

El *Sprint Backlog* representa todo el trabajo a ser realizado en el Sprint. Está formado por el Objetivo del Sprint, un conjunto de *PBIs* y las tareas que los desarrolladores han identificado para poder entregar un Incremento al finalizar el Sprint.

Objetivo del Sprint

Como parte del Equipo Scrum te comprometes en cada Sprint a lograr un objetivo en particular.

El Objetivo del *Sprint* describe la razón por la cual vale la pena realizar el trabajo del *Sprint* y, si eres desarrollador, te proporciona un norte para que puedas determinar si el camino recorrido durante lo que va del Sprint te está conduciendo, a ti y a tu equipo, hacia el lugar esperado.

Recuerda que, si estás utilizando Scrum, lo haces porque te mueves en un ambiente complejo donde no puedes planificar con exactitud basándote en lo desconocido. Cuando creas el *Sprint Backlog*, sabes que es un plan incompleto, que el trabajo surgirá y se terminará de consolidar durante el *Sprint*.

Contar con un objetivo les permitirá inspeccionar su progreso y tomar decisiones de adaptación del plan del sprint de manera frecuente. Hay muchos posibles caminos para alcanzar el mismo destino. Es posible que sea necesario renegociar el alcance o replantear el enfoque de solución de los desafíos que se presenten.

El Objetivo del *Sprint* te ayuda a enfocarte en lo que se quiere lograr y te da flexibilidad con respecto al cómo lograrlo.

Al mismo tiempo, el Objetivo del *Sprint* es un aspecto que valida la alineación que existe entre Equipo Scrum y stakeholders. Al final de cada Sprint se espera que el Equipo Scrum haya construido un Incremento que logre el Objetivo del *Sprint*. Ese es un compromiso, mientras que el trabajo a realizar, *PBIs* y tareas, son un mero pronóstico para alcanzar ese logro.

El Objetivo del *Sprint* se establece en el *Sprint Planning* y se llega a él de forma colaborativa entre el *Product Owner* y los Desarrolladores.

Evolución del Objetivo del Sprint

A medida que pase el tiempo y los *Sprints*, lo más probable es que vayas cambiando el foco del objetivo de cada uno.

Inicialmente tus Objetivos de *Sprint* estarán centrados en validar los supuestos más críticos, aquellos que podrían hacer fracasar el producto en su totalidad. Luego, pasarás a validar supuestos de usabilidad, de comportamiento específico de los usuarios de tu producto, de cumplimiento de ciertos hitos en outcomes de negocio y, por último, tendrás objetivos de optimización, performance y terminaciones cada vez más finas.

PBIs del Sprint

Los *PBIs* del *Product Backlog* que finalmente queden seleccionados para el Sprint actual forman parte del *Sprint Backlog*.

Este es un conjunto de *PBIs* que cobran cierta coherencia con respecto al Objetivo del *Sprint*.

Heredan el orden que tenían en el *Product Backlog*, por lo tanto, no es lo mismo trabajar en cualquiera de ellos. Una de las situaciones que deseas evitar es que cada desarrollador trabaje de forma aislada en un *PBI*, por eso, al inicio de un Sprint, buscarán en tu equipo colaborar en los *PBIs* más prioritarios para terminarlos antes y luego ir pasando a los menos prioritarios.

La forma en la que decidan colaborar y articular su trabajo para lograr este tipo de colaboración es una competencia exclusiva de los Desarrolladores. Sea la que sea que utilicen, la evaluarán y, eventualmente, adaptarán Sprint tras Sprint.

Plan de Acción del Sprint

El plan de acción no es ni más ni menos que las tareas que se necesitan llevar a cabo en el *Sprint* para construir el Incremento a partir de los *PBIs* seleccionados, y así lograr el Objetivo del *Sprint*.

Estas tareas tienen una duración de un día o menos y son identificadas por los Desarrolladores durante el *Sprint Planning*, a sabiendas que muchas de ellas irán surgiendo a lo largo del *Sprint*.

El conjunto de tareas de un *PBI* representa todo lo que los Desarrolladores identifican que debe llevarse a cabo para llevar ese *PBI* a una instancia de calidad identificada como Definición de Terminado. Te contaré un poco más sobre este concepto en el apartado del Incremento.

14

INCREMENTO

 Un Incremento es un escalón concreto hacia el logro del Objetivo del Producto.

- Guía de Scrum

El resultado de un *Sprint* es un Incremento de producto que logra el Objetivo del *Sprint*. Representa un movimiento hacia el logro del Objetivo de Producto y respeta la Definición de Terminado.

Un Incremento no tiene sentido si es considerado de forma aislada con respecto al resto del producto. El Incremento de un *Sprint* se integra a todos los Incrementos anteriores formando una coherencia de producto 100% terminada y funcional hasta ese momento. Nada ha quedado pendiente, nada ha sido creado a medias, nada será terminado en futuros *Sprints*.

Es tan fuerte esta intención en Scrum que es preferible no entregar nada a entregar un Incremento que no se pueda utilizar, ya que el efecto de falsa sensación de progreso y baja calidad es tan contundente que resulta más perjudicial para todo el Equipo Scrum y los stakeholders que el hecho de no haber construido el Incremento. Así que ya lo sabes, créeme, es preferible no entregar a entregar cosas a medio terminar.

Definición de Terminado

Es el compromiso que asumes con respecto a la entrega de un Incremento al finalizar un *Sprint*, cumplir con la Definición de Terminado.

La Definición de Terminado representa el nivel mínimo de calidad al que debe llegar un *PBI* para poder ser considerado como parte del Incremento. Puede ser un estándar a nivel organizacional o un acuerdo a nivel de producto, ya sea que trabaje un solo equipo o lo hagan varios.

Cualquier construcción que no respete la Definición de Terminado no formará parte del Incremento y, por lo tanto, no participará del *Sprint Review*.

Podrías imaginar la Definición de Terminado como una lista de chequeo con todos los aspectos a evaluar para cada uno de los *PBIs* del *Sprint Backlog* para considerarlo como terminado. Esta lista de chequeo evalúa aspectos cross de los *PBIs*, es decir, sirve para todos por igual.

Criterios de Aceptación

Si bien Scrum no habla en ningún momento sobre el uso de Criterios de Aceptación en los *PBIs*, hay una práctica muy difundida que los adopta de las Historias de Usuario de *Extreme Programming* y los contempla como criterios de cada *PBI* para poder asegurar que el Incremento creado hace lo esperado.

Si tu Equipo Scrum decide adoptar este enfoque y utilizar Criterios de Aceptación para los *PBIs*, es importante que seas capaz de diferenciarlos de la Definición de Terminado. Los Criterios de Aceptación son condiciones que cada *PBI* en particular debe cumplir, y estas condiciones varían de *PBI* a *PBI*. No es lo mismo un *PBI* de un formulario de contacto donde los criterios de aceptación harán referencia a qué campos debe contener, cuáles son requeridos y cuáles opcionales y a los textos y mensajes que debe mostrar, que otro *PBI* que hace referencia a la lógica de recuperación de contraseña que describe textos de un correo electrónico, pasos de un proceso, etc.

En paralelo a estos criterios de aceptación de cada uno de esos dos *PBIs*, tendrás una Definición de Terminado que aplicaría para ambos al mismo tiempo, como así también para cualquier otro *PBI* como, por ejemplo:

- El diseño debe respetar los lineamientos de identidad del sitio web
- Debe estar tanto en inglés como en español
- Debe funcionar en los 3 navegadores más utilizados

Como puedes ver, los Criterios de Aceptación aplican solo para el *PBI* al que pertenecen, mientras que la Definición de Terminado aplica a todos los *PBIs* por igual.

III

ALGO MÁS SOBRE LOS ARTEFACTOS

15

DEFINICIÓN DE LISTO

Así como en Scrum existe una Definición de Terminado que garantiza la calidad del Incremento, podrías adaptar ese concepto y utilizarlo para asegurar la calidad de los PBIs antes de ser incluidos en el *Sprint Backlog*. A esta adaptación por fuera de Scrum se la conoce como Definición de Listo. Visto de otra forma, la Definición de Terminado te indicará que el trabajo ha concluido, mientras que la Definición de Listo te dejará saber que el trabajo está en condiciones de ser iniciado.

Por lo general, la Definición de Listo es una serie de condiciones que un *PBI* debe cumplir para ser considerado en un *Sprint*. El propósito detrás de esta barrera es evitar comenzar a trabajar en cosas que aun están a muy alto nivel o demasiado ambiguas.

No es necesario que la Definición de Listo exija que un *PBI* esté definido al 100%, con todos sus criterios de aceptación finamente detallados. De todas formas, debe garantizar que los PBIs estén lo suficientemente listos para que los Desarrolladores se sientan seguros de poder entregar con éxito el Incremento correspondiente.

Existen dos enfoques principales para que los PBIs alcancen la Definición de Listo:

1. Los Equipos Scrum más exigentes esperan que los PBIs cumplan con ella antes de llegar a la *Sprint Planning*. Esto quiere decir que el trabajo de detallar y clarificar los PBIs debe suceder durante el refinamiento.
2. Los Equipos Scrum más osados aceptan detallar *PBIs* que no cumplen con la Definición de Listo aún durante la *Sprint Planning*, buscando que logren cumplirla antes de finalizar es evento para poder aceptarlos definitivamente en el *Sprint* e incluirlos en el *Sprint Backlog*.

Si un PBI no alcanza el nivel de detalle esperado por la Definición de Listo quedará en el *Product Backlog* y se lo seguirá detallando en el Refinamiento hasta que cumpla con ella para poder ser aceptado en un *Sprint* futuro.

Creación y mantenimiento

Cada Equipo Scrum necesita tener su propia Definición de Listo. Por lo general se define el la primera Sprint Planning o en un periodo previo al inicio del trabajo con Scrum.

Una vez definida, no queda escrita en piedra. La Definición de Listo evoluciona a la par que el Equipo Scrum va mejorando su entendimiento sobre la industria y el producto. Estas mejoras se realizan *Sprint* tras *Sprint* y se discuten y deciden en la *Sprint Retrospective*.

Ejemplo

Un ejemplo de Definición de Listo podría ser:

- La necesidad que el *PBI* resuelve y el beneficio esperado están claramente identificados.
- Los criterios de aceptación del *PBI* no dejan lugar a dudas ni ambigüedades
- El *PBI* debe ser independiente de los otros, estar abierto a una negociación eventual, valorable desde el punto de vista del

negocio, lo suficientemente pequeño para compartir el Sprint con, al menos, otros cinco *PBIs*

- Los Desarrolladores deben haber estimado el esfuerzo necesario para transformar el PBI en parte del Incremento
- Hay un stakeholder claramente identificado a quien recurrir en caso de eventuales dudas imprevistas
- Está claro cómo se va a probar el *PBI* en la Sprint Review

Conclusión

Si bien la Definición de Listo no forma parte de Scrum, es una práctica ampliamente utilizada que refuerza el trabajo durante los refinamientos y reduce el re trabajo por malentendidos en los PBIs.

16

RADIADORES DE INFORMACIÓN

La información condiciona las decisiones que guían el desarrollo del producto. Por eso es crucial que todas las personas involucradas en la toma de decisiones compartan la misma información y la tengan en el momento adecuado.

Poca información tendría como consecuencia una mala toma de decisiones mientras que mucha información podría generar saturación y desperdicio.

Es por ello que el Equipo Scrum debe poder seleccionar la información justa que precisa para tomar decisiones durante el *Sprint* y para informar a los stakeholders sobre el avance del producto.

El atributo de radiador hace referencia a que es un elemento que irradia información de forma activa, sin necesidad de ser estimulado. Este tipo de elementos por lo general son grandes pizarras y gráficos pegados en paredes, a la vista de todo el mundo de forma tal de no requerir un usuario ni un computador para ver la información. Solo basta con pasar caminando cerca de la pared.

¿Qué información irradiar?

La información irradiada debe ser la suficiente para propiciar una buena toma de decisiones por parte del Equipo Scrum. Esto incluye un variado abanico de aspectos como trabajo terminado, trabajo en curso, trabajo pendiente, trabajo no planificado, impedimentos, riesgos, asignaciones, proyecciones, etc.

Para esto hay diferentes tipos de radiadores de información que los Equipos Scrum suelen utilizar, por ejemplo:

- *Taskbords* para organizar y visibilizar el trabajo del *Sprint*
- Lista de Impedimentos para hacer seguimiento de ellos
- *Sprint Burndown Charts* para censar y proyectar el progreso dentro del *Sprint*

A continuación te propongo que veamos cada uno de ellos en profundidad.

17

TASKBOARD

Un *Taskboard* es una pizarra donde se visibiliza el *Sprint Baklog*. Tradicionalmente se ha buscado que los *taskboards* sean físicos para garantizar su propiedad de radiador de información, pero debido a la globalización, la proliferación de equipos distribuidos y la digitalización que ha acompañado fuertemente estos últimos años de trabajo remoto creciente, cada vez se ven más formatos digitales.

Si decides utilizar un *taskboard*, ya sea físico o digital, asegúrate que contenga al menos la siguiente información:

De mínima:

- Objetivo del *Sprint*
- *PBIs* que forman parte de este *Sprint*
- Tareas correspondientes a cada *PBI*
- Estado de las tareas

Opcional:

- Número de *Sprint*
- *Sprint Burndown Chart*

- Impedimentos/Imprevistos
- Estado de los mismos

Por lo general, en la primera columna de un *taskboard* se ubican los PBIs, siendo cada andarivel imaginario horizontal el espacio por el que se van a mover todas las tareas de cada PBI, ubicándose en tres columnas diferentes según el estado de esas tareas: todo (pendientes), vip (en progreso -work in progress-) y done (terminado). Aquí te dejo un ejemplo de *taskboard*:

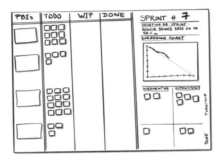

Disfunciones que visibiliza un Taskboard

Gracias al uso de un *taskboard* podrías ver de forma práctica algunas disfunciones dentro del Equipo Scrum. Como, por ejemplo, en la forma de respetar prioridades.

Un Equipo Scrum que trabaja respetando las prioridades, va a mostrar un avance con el siguiente patrón, donde las tareas que primero se terminan corresponden a los *PBIs* de mayor prioridad:

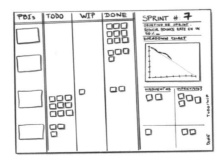

Por el contrario, un Equipo Scrum que no sigue las prioridades avanzará terminando primero las tareas de *PBIs* que no necesariamente son los más prioritarios:

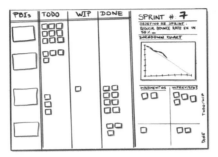

O con una marcada tendencia al multitasking, es decir, trabajar en muchas cosas al mismo tiempo:

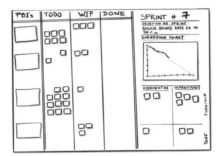

Un *taskboard* saludable, entonces, es aquel que muestra cómo los *PBIs* de mayor prioridad, lo de más arriba, se van terminando antes que los de menor prioridad. Una alternativa muy utilizada es mover el *PBI* a la columna de terminado cuando todas sus tareas se encuentran terminadas:

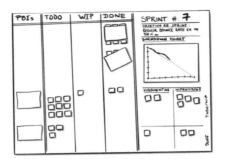

18

LISTA DE IMPEDIMENTOS

Un impedimento es todo aquello que evita que el Equipo Scrum realice su trabajo y se acerque al objetivo del *Sprint*.

Poder visibilizar esos impedimentos ayuda a la transparencia. Tener una lista de impedimentos visible, muchas veces junto al *Taskboard*, también ayuda a que cualquier miembro de tu equipo sume sus propios impedimentos para darles notoriedad, aunque ese hecho no reemplace el aviso verbal al Scrum Master.

Adicionalmente, quien ocupe el rol de Scrum Master podría elegir priorizar esa lista de forma tal de darle mayor atención a los impedimentos que tienen mayor impacto en el equipo y menor atención a aquellos que pueden esperar.

Por lo general, cualquier miembro del equipo debería poder trabajar en los impedimentos de la lista y resolverlos. Solo quedarían para el Scrum Master aquellos impedimentos que escapan a las actividades cotidianas del equipo o estar fuera de su ámbito de incumbencia, lo que generaría distracciones en los Desarrolladores.

Volveremos brevemente sobre los impedimentos más adelante, por ahora, solo quiero que te quedes con la idea que listar esos impedimentos en un lugar visible y público ayuda mucho a la transparencia para inspeccionar y adaptar coherentemente.

19

SPRINT BURNDOWN CHART

Un *Sprint Burndown Chart* es la representación gráfica del trabajo pendiente, día tras día, de un Sprint.

Es una herramienta de los Desarrolladores para los Desarrolladores y su intención es que pueda ser utilizada para visibilizar el progreso del trabajo hasta un determinado momento, el punto de evaluación, y proyectarlo de allí a futuro.

La información para alimentar diariamente este gráfico surge del *Sprint Backlog*, registrando el trabajo restante en el eje y, y los días del *Sprint* en el eje x. Por ejemplo, para un Sprint de dos semanas (10 días) cuyo Sprint Backlog totaliza una estimación de 90 puntos, este sería el *Sprint Burndown Chart*:

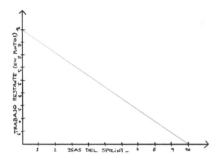

Como te comentaba anteriormente, día a día, los Desarrolladores actualizan la cantidad de trabajo restante a esa fecha, registrando el progreso y mostrando cierta tendencia.

Si el trabajo restante en cada día se mantiene según lo esperado, entonces el gráfico mostraría la siguiente información a mediados del Sprint (día 5):

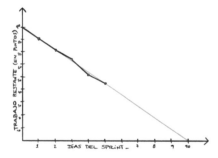

En cambio, si el trabajo restante cada día es menor que el esperado, es decir, los Desarrolladores tienen un ritmo mayor al previsto, se verá la función avanzando por debajo de la línea media:

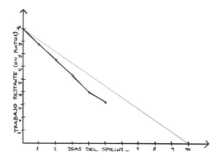

Y por encima de la línea media si el progreso es menor al esperado:

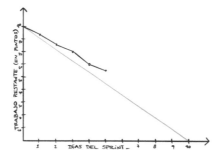

En cualquier caso, un aspecto que debes cuidar es que se utilice el *Sprint Burndown Chart* para comunicar el progreso del trabajo del *Sprint* hacia afuera del Equipo Scrum ya que esta es una métrica de output que concierne solo a los Desarrolladores.

IV

EVENTOS

INTRODUCCIÓN

> *Cada evento en Scrum es una oportunidad formal para inspeccionar y adaptar los artefactos de Scrum. Estos eventos están diseñados específicamente para habilitar la transparencia requerida.*
>
> *- Guía de Scrum*

Las reuniones en Scrum se identifican como Eventos. Hay un gran evento llamado *Sprint* que contiene a todos los demás, nada sucede fuera de un *Sprint*. Estos eventos están dispuestos a lo largo del *Sprint* de forma tal de configurar una dinámica específica.

Cada evento se relaciona con la transparencia, la inspección o la adaptación del producto, del proceso o del progreso. Si me das el permiso, te lo ejemplifico:

Sprint Planning

- Adaptación de producto y proceso.
- Se planifica el sprint actual, creando un Incremento que contiene las adaptaciones de producto identificadas en Sprints previos y siguiendo un plan de trabajo que incorpora las

adaptaciones del proceso determinadas, también, en Sprints pasados.

Daily Scrum

- Inspección del progreso y adaptación del plan.
- Se inspecciona la situación actual con respecto al Objetivo del Sprint y se toman las decisiones de adaptación del plan de las próximas 24 horas para acercarse lo máximo posible al Objetivo del Sprint.

Sprint Review

- Inspección del producto.
- Se inspecciona el Incremento creado durante el Sprint y se deciden potenciales adaptaciones del producto de forma de acercarse más hacia el Objetivo del Producto.

Sprint Retrospective

- Inspección del proceso
- Se inspecciona el proceso (forma de trabajo, relaciones, Definición de Terminado, etc) y se deciden potenciales adaptaciones.

Te propongo que, con esto en mente, veamos cada uno de ellos en mayor detalle.

Una nota adicional: siempre me inquietó conocer de dónde viene la costumbre de llamar "ceremonias" a los eventos de Scrum. Busqué en las guías de Scrum históricas, en los primeros libros escritos por los creadores de Scrum, en mucha bibliografía complementaria tradicional y no logré encontrar un solo lugar donde se llame "ceremonia" a los eventos de Scrum. Por lo tanto, mi invitación es a que los llames eventos en vez de ceremonia si es que así los conociste.

SPRINT

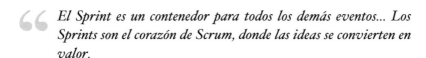

El Sprint es un contenedor para todos los demás eventos... Los Sprints son el corazón de Scrum, donde las ideas se convierten en valor.

- Guía de Scrum

Scrum, al ser un proceso de desarrollo incremental y evolutivo, utiliza periodos consecutivos de tiempo corto para construir un producto, Incremento tras Incremento, para inspeccionar y adaptar frecuentemente tanto el producto como el proceso utilizado. A estos periodos de tiempo acotado, en Scrum, se los identifica como *Sprints*.

Todos los eventos de Scrum, *Sprint Planning*, *Daily Scrums*, *Sprint Review* y *Sprint Retrospective*, y todo el trabajo que sea necesario hacer para transformar los *PBIs* en un Incremento sucede dentro de un *Sprint*.

En general, Scrum recomienda una duración de *Sprint* de un mes o menos, siendo una o dos semanas lo más habitual que encontrarás en la industria.

Una de las decisiones que debes tomar al comenzar el desarrollo de un producto o al adoptar Scrum es la duración de los *Sprints*. Luego, mantendrás esa duración constante a lo largo del tiempo, lo que implicará que la duración de un *Sprint* no cambia una vez que sea establecida. Como excepción podrías considerar aquellas situaciones donde el equipo mismo decida probar con *Sprints* más largos o cortos. Esta decisión se basa principalmente en la volatilidad del contexto: mientras más volátil sea (negocio cambiante, necesidades desconocidas, tecnología que evoluciona, etc.) más corta será la duración del *Sprint*. Lo importante es recordar que se logra mayor ritmo y previsibilidad teniendo Sprints de duración constante.

Duración y objetivo fijos

Durante un *Sprint*, el Equipo Scrum podría atrasarse o adelantarse con respecto a su trabajo. En estos casos, la variable de ajuste será el alcance del Sprint, nunca su duración. Esto significa, en el caso de adelantarnos deberemos incrementar el alcance del *Sprint* agregando nuevos *PBIs* y reducirlo en el caso de retrasarnos, pero nunca acortar o alargar el tiempo de *Sprint*. Esta decisión de aumentar o reducir el alcance del *Sprint* es una potestad del Equipo Scrum y, por lo tanto, tomada entre los Desarrolladores y el *Product Owner*.

Como te comenté anteriormente, el *Sprint Backlog* contiene el plan del *Sprint*. A medida que se avanza, se descubre y se aprende durante el *Sprint*, ese plan podría alterarse sin alterar el Objetivo del Sprint. Los cambios en el plan son gestionados por los Desarrolladores.

Calidad no negociable

A partir de lo que acabo de contarte podrías deducir que, frente a imprevistos o impedimentos, la calidad nunca es negociable. El nivel de calidad de las entregas está determinado por lo que hemos llamado Definición de Terminado, la cual no se altera. Esto quiere decir que, si el Equipo Scrum se atrasa con respecto a lo que debe entregar, nunca va a probar menos o construir con menor calidad para poder entregar todo en el *Sprint*, sino que se abrirá un espacio de negociación a la interna del Equipo Scrum donde Desarrolladores y *Product Owner* decidirán cómo ajustan el alcance sin afectar el Objetivo del *Sprint* ni la Definición de Terminado.

Recuerda, el compromiso en esta instancia es construir un Incremento que logre el Objetivo del *Sprint* respetando la Definición de Terminado. El Equipo Scrum nunca debe comprometerse a entregar un número determinado de *PBIs*.

Progreso durante el Sprint

El progreso durante el *Sprint* es seguido día a día por los Desarrolladores. Existe un evento diario del que te hablaré más adelante, *Daily Scrum*, donde se revisa si el estado actual del trabajo realizado nos conduce hacia el logro del Objetivo del *Sprint*. En caso de que eso no suceda, los Desarrolladores toman la decisión de adaptar el plan restante del Sprint para acercarse nuevamente al logro del objetivo.

Cancelación de un Sprint

Un *Sprint* puede cancelarse si el Objetivo del *Sprint* se vuelve obsoleto. Esto sucede cuando las condiciones del entorno cambian tan drásticamente que ya no tiene sentido que el Equipo Scrum siga trabajando en lo que está trabajando y necesite mover su atención a algo mucho más importante.

Como te comentaba anteriormente, el hecho de descubrir que no se llega a completar el trabajo del Sprint no es una razón válida para su cancelación dado que, aun construyendo un Incremento más pequeño que el esperado se podría lograr el Objetivo del *Sprint*.

La cancelación de un *Sprint* en una decisión que solo el *Product Owner* está en condiciones de tomar.

22

SPRINT PLANNING

 La Sprint Planning inicia el Sprint al establecer el trabajo que se realizará para el Sprint.

- Guía de Scrum

La *Sprint Planning* es el primer evento que se realiza dentro del *Sprint*. La dinámica de este evento es de tipo taller donde todo el Equipo Scrum pone manos a la obra.

La duración máxima de una *Sprint Planning* es de ocho horas para un *Sprint* de cuatro semanas, reduciéndose en longitud para *Sprints* más cortos.

En el *Sprint Planning* se deciden tres aspectos:

- El Objetivo del *Sprint*, es decir, para qué hacer este Sprint
- Los *PBIs* que formarán parte en este *Sprint*, es decir, qué incremento construir
- El plan del *Sprint*, o sea, cómo será construido el Incremento

Todo esto en conjunto formará el *Sprint Backlog*.

Definición del Objetivo de Sprint

El Objetivo del *Sprint* describe la razón por la cual vale la pena realizar el trabajo del *Sprint*. El mismo surge de forma colaborativa y es creado por el Equipo Scrum a partir del input del *Product Owner*, quien expone al resto una propuesta de Incremento de valor y usabilidad del producto. Por ejemplo, "dar la posibilidad a los usuarios de ordenar online" o "validar si la integración del log-in con redes sociales disminuye la fricción y aumenta la conversión" o "presentar los *Keynotes* de la conferencia y abrir los registros de participantes".

Selección de PBIs para el Sprint

Mediante una conversación entre *Product Owner* y Desarrolladores se escogen los *PBIs* del *Product Backlog* que formarán parte de el *Sprint* actual.

Esta decisión se basa en el Objetivo del *Sprint*, el orden de los *PBIs* en el *Product Backlog* y un pronóstico de cuánto trabajo podrían hacer los Desarrolladores para transformar *PBIs* en Incrementos. Este último pronóstico se basa en las experiencias de *Sprints* pasados. Quienes finalmente determinan la cantidad de trabajo a realizar son los Desarrolladores.

Durante esta conversación los Desarrolladores realizan todas las preguntas que crean necesarias para conocer los detalles de cada uno de los *PBIs* y así corroborar o ajustar sus supuestos.

Aún asumiendo que los *PBIs* ya han sido explorados en detalle durante los refinamientos previos, debido al principio del Manifiesto Ágil por el Desarrollo de Software que determina que una ventaja competitiva consta de "aceptar los cambios aun en etapas avanzadas del proyecto", es posible que en esta reunión aparezcan PBIs que no habían sido refinados anteriormente. Esta situación se da muy seguido con *PBIs* que emergen o incrementan su prioridad debido al *feedback* recibido en el *Sprint* inmediato anterior. Frente a esta situación, el Equipo Scrum refina esos *PBIs* en el momento.

El *Product Owner* y los Desarrolladores son los protagonistas en la toma de esta decisión. El *Scrum Master*, al tiempo que facilita la reunión, también debe asegurar que cualquier stakeholder que sea requerido para profundizar en detalles esté presente o sea contactado.

Elaboración del Plan de Sprint

Los Desarrolladores determinan la forma en la que llevarán adelante el trabajo. Esto implica la definición inicial de un diseño de alto nivel, el cual será refinado durante el Sprint mismo y la identificación de las actividades que deberán llevar a cabo en conjunto.

Se espera que el diseño sea emergente, es decir, que surja de la necesidad de los Desarrolladores a medida que avancen en el conocimiento del negocio y la definición del producto. Por esta misma razón es que te propongo no realizar un diseño completo y acabado de lo que será realizado durante el Sprint. En cambio, busca un acuerdo de alto nivel que será bajado a detalle durante la ejecución del *Sprint*.

Esto mismo sucede con las tareas del plan del Sprint, es decir que no es estrictamente necesario enumerar por completo todas las tareas que serán realizadas ya que muchas aparecerán a medida que avancen. Adicionalmente, es recomendable que cada tarea dure menos de un día. Esto permitirá detectar bloqueos o retrasos durante las reuniones diarias.

Si bien el *Product Owner* no participa de esta descomposición de *PBIs* en tareas, hace su aporte en el caso de que los Desarrolladores necesite respuestas a nuevas preguntas con la finalidad de clarificar su entendimiento de las necesidades.

Al finalizar esta reunión, el Equipo Scrum habrá arribado a un *Sprint Backlog* y estará en condiciones de comenzar con el trabajo del *Sprint* para transformar los *PBIs* en un Incremento de valor que respete la Definición de Terminado y logre el Objetivo del *Sprint*.

DAILY SCRUM

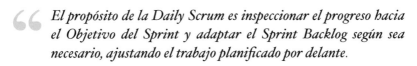

El propósito de la Daily Scrum es inspeccionar el progreso hacia el Objetivo del Sprint y adaptar el Sprint Backlog según sea necesario, ajustando el trabajo planificado por delante.

- Guía Scrum

Cuando te conté acerca del control de procesos empírico te comenté que su mecanismo se basaba en ciclos continuos de inspección y adaptación en un entorno donde se fomenta la transparencia a todo nivel.

Estos ciclos se aplican tanto al producto como al proceso y se llevan a la práctica a través de los *Sprints*.

Ahora bien, también te comenté que el plan del Sprint era un plan tentativo y que parte de este iba a ir emergiendo durante el mismo *Sprint* a medida que vayan trabajando en la construcción del Incremento.

Esto quiere decir, entonces, que el Sprint en sí mismo tampoco es un plan predictivo, por lo que no podemos controlarlo mediante un enfoque predictivo como, por ejemplo, comparando el progreso contra el plan y midiendo el avance en términos de tiempo.

Necesitamos, como ya te debes estar imaginando, un enfoque de control de procesos empírico, y eso nos lleva a los viejos conocidos: transparencia, inspección y adaptación. Estos ciclos de control a nivel de producto y de proceso se realizan cada cuatro semanas y se llaman Sprints, pero cuando hablamos de controlar el progreso hacia el Objetivo del Sprint el ciclo de control dura 24hs y se lleva a la práctica en las reuniones que llamamos *Daily Scrum*.

La *Daily Scrum* no deberían llevar más de 15 minutos. Para que esto suceda, utilicen el tiempo únicamente para visibilizar lo hecho y no para intentar resolver problemas, eso te sugiero dejarlo para un momento inmediato posterior a la *Daily Scrum* del cual no necesariamente deban participar todos los Desarrolladores, sino solo quienes tienen incumbencia. Adicionalmente, te recomiendo realicen la *Daily Scrum* todos los días a la misma hora y en el mismo lugar para reducir la complejidad.

Esta una reunión de Desarrolladores para Desarrolladores. Está ok que al principio la facilite el *Scrum Master* pero, a medida que los Desarrolladores se van sintiendo cómodos, transferir la facilitación para que la puedan hacer ellos mismos.

Sabiendo que, si eres *Scrum Master* o *Product Owner*, también podrías ocupar el rol de Desarrollador y si así lo haces, entonces también participarías de la *Daily Scrum* como Desarrollador.

Intenta que la *Daily Scrum* sea una reunión abierta donde cualquier interesado en escuchar lo que sucede pueda participar en calidad de observador. Si deciden invitar observadores, vela por que no participen activamente en la reunión, y mucho menos, que soliciten a los miembros del equipo justificación del progreso y explicación de los problemas.

24

SPRINT REVIEW

 El propósito de la Sprint Review es inspeccionar el resultado del Sprint y determinar futuras adaptaciones.

- Guía de Scrum

Al finalizar el *Sprint* realizas una inspección del Incremento creado, este evento se llama *Sprint Review*.

En la *Sprint Review* colabora todo tu Equipo Scrum con los stakeholders revisando el Incremento creado en el *Sprint* e integrado al resto del producto para decidir cuáles serán los próximos pasos hacia el logro del Objetivo de Producto.

La *Sprint Review* dura un máximo de cuatro horas para un *Sprint* de cuatro semanas. Si el *Sprint* es más corto, la *Sprint Review* durará menos.

Ten especial atención para que la *Sprint Review* no se convierta en una *Demo* donde el Equipo Scrum le muestra lo construido a los *stakehoders*. El mejor *feedback* y las mejores decisiones que pueden tomar emergen de la revisión activa, es decir, el uso del producto por parte de todos los involucrados y no por la simple observación de lo realizado.

El *feedback* puede ser explícito acerca de cambios en el Incremento construido o bien nuevas necesidades que surjan al verlo en acción. También puede ser implícito, es decir, mejoras que aparecen por el simple hecho de observar la manera en la que los *stakeholders* utilizan el producto. ¿Qué es lo que les cuesta? ¿Qué podría hacer más simple su uso? ¿Dónde se traban? ¿Qué podría ayudarlos a entender cómo utilizarlo? Etc.

Todo el *feedback* que emerja en la *Sprint Review* podría ser o no considerado para adaptar el producto. Eso dependerá de la decisión que tome quien ocupe el rol de *Product Owner* y del alineamiento que exista entre las adaptaciones posibles y el Objetivo del Producto. Si las adaptaciones no hacen al Objetivo del Producto, podrían no ser consideradas o consideradas como de baja prioridad. Por el contrario, si las adaptaciones son vitales para el logro del Objetivo del Producto serán consideradas y tendrán alta prioridad. La prioridad determinará el lugar que esa adaptación tome al convertirse en un PBI e ingresar en el *Product Backlog*.

25

SPRINT RETROSPECTIVE

 El propósito de la Sprint Retrospective es planificar formas de aumentar la calidad y la efectividad.

- Guía de Scrum

Te comenté anteriormente que Scrum es un enfoque de control de procesos empírico y que uno de los aspectos que controla es el proceso. Bueno, justamente la *Sprint Retrospective* es el momento en el que el equipo inspecciona cómo le fue durante este último *Sprint* con respecto a las personas, las interacciones, los procesos, las herramientas y su Definición de Terminado. Este evento es el corazón de la mejora continua y las prácticas emergentes.

Tiene lugar inmediatamente después de la *Sprint Review* y se considera un cierre de *Sprint*. Mientras que la *Sprint Review* se destina a revisar el producto, la *Sprint Retrospective* se centra en el proceso. Su duración es de un máximo de tres horas para un *Sprint* de cuatro semanas, siendo más corta para *Sprints* más cortos.

La *Sprint Retrospective* necesita de un ambiente seguro donde el Equipo Scrum pueda expresarse libremente, sin censura ni temores. Utilizando técnicas de facilitación y análisis de causas raíz, se buscan tanto fortalezas como oportunidades de mejora. Luego, el Equipo Scrum decide cuáles serán las acciones de mejora a llevar adelante en futuros *Sprints*.

V

ALGO MÁS SOBRE LOS EVENTOS

26

AGENDA DE UNA SPRINT PLANNING

Contar con una agenda de la *Sprint Planning* ayuda a que la reunión fluya y evita desvíos, y ramificaciones innecesarias. Ante posibles dispersiones, sólo es necesario recordar a los participantes el objetivo principal de esta reunión: planificar el *Sprint*.

Tener una agenda no implica respetarla a rajatabla, sino contar con un camino de referencia al cual volver en caso de desviarte demasiado.

A continuación te presento una agenda de ejemplo para un *Sprint Planning* de cuatro horas.

[5m] Bienvenida & Check-In

El *Check-In* es una actividad inicial muy habitual en reuniones colaborativas. Recuerda que en Scrum todos los eventos son reuniones para la toma colaborativa de decisiones. El propósito del check-in es atraer y centrar la atención de todos los participantes en el propósito de esta reunión y compartir las expectativas de colaboración para que todos tengan claridad sobre lo que esperan unos de otros y lo que se espera de la reunión.

[5m] Objetivo de la Reunión

Recordar a los participantes cuál es el objetivo de esta reunión y los outcomes esperados.

[10m] Definición de Listo

Repasar la Definición de Listo para que todos estén alineados acerca de las expectativas sobre un *PBI* para que pueda participar de esta reunión o ser incluido en el *Sprint Backlog*. De esta forma se evitan sorpresas y se toma conciencia si hubo algún cambio significativo en esta definición desde la última retrospectiva.

[20m] Objetivo del Sprint

El *Product Owner* propone cómo el producto podría incrementar su valor y utilidad en este *Sprint*. Todos los participantes colaboran para determinar un Objetivo de *Sprint* que sea coherente con esa propuesta de incremento de valor y utilidad.

[15m] Elección de PBIs Candidatos

A partir de la determinación del Objetivo del *Sprint* se identifican los *PBIs* candidatos para aportar a este objetivo. Esta identificación podría tener influencia en el orden del Product Backlog. Se discuten los *PBIs* hasta acordar un conjunto coherente con el Objetivo del Sprint.

[10m] Break

Todos se toman 10 minutos para recargar energías y continuar.

[50m] Refinamiento de PBIs Candidatos

Volviendo del Break, se revisan los PBIs candidatos. Uno a uno, siguiendo el orden de prioridades, se refinan hasta que cumplan con la Definición de Listo y los Desarrolladores puedan atribuirle una estimación de esfuerzo con la que sientan confianza de poder transformarlo en un Incremento.

[10m] Break

Todos se toman 10 minutos para recargar energías y continuar.

[10m] Definición de Terminado

Se revisa la Definición de Terminado y se le hacen ajustes si es que emergieron mejoras a partir de la última retrospectiva. El propósito de este bloque es lograr un entendimiento común acerca del nivel de calidad que se espera del Incremento al final del *Sprint*.

[40m] Desglose de PBIs en tareas

Los Desarrolladores descomponen cada PBI en unidades de trabajo de menos de un día.

[10m] Break (opcional)

A discreción de los Desarrolladores.

[45m] Desglose de PBIs en tareas

Los Desarrolladores continuan descomponiendo cada PBI en unidades de trabajo de menos de un día.

Al finalizar, se repasa el Sprint Backlog en totalidad.

[15m] Cierre y Retrospectiva

Se realiza una breve retrospectiva sobre esta Sprint Planning en busca de mejoras a futuro.

27

AGENDA DE UNA SPRINT REVIEW

Al igual que te comenté sobre el Sprint Planning, contar con una agenda de la *Sprint Review* ayuda a que la reunión se mantenga enfocada y abra espacios para la colaboración. Esta agenda no implica respetarla a rajatabla, sino contar con una referencia a la cual volver en caso de desviarte demasiado. A continuación te presento una agenda de ejemplo para un *Sprint Review* de dos horas.

[5m] Bienvenida & Check-In

Busca atraer y centrar la atención de todos los participantes en el propósito de esta reunión y compartir las expectativas de colaboración para que todos tengan claridad sobre lo que esperan unos de otros y lo que se espera de la reunión.

[5m] Objetivo de la Reunión

Recordar a los participantes cuál es el objetivo de esta reunión y los outcomes esperados.

[5m] Objetivo del Sprint

Repasar el Objetivo de Sprint que se ha definido para esta iteración que concluye.

[5m] Definición de Terminado

Los Desarrolladores presentan la Definición de Terminado con la que han trabajado. Indican cualquier modificación que la misma haya sufrido desde la última *Sprint Review*. De esta forma te aseguras de sestear las expectativas de los *stakeholders* acerca de lo que van a revisar.

[10m] Qué se hizo y qué no se hizo

El Product Owner enumera los *PBIs* que se transformaron en Incremento y los que no durante el *Sprint*.

[15m] Desafíos y Aprendizajes

El Scrum Master enumera los impedimentos que emergieron, cuenta brevemente cómo se solucionaron y los aprendizajes. Hace visibles los impedimentos que aun siguen sin resolverse y pide cualquier ayuda que pueda ser necesaria.

Es importante visibilizar esto, pero presta atención que no capture mucho tiempo de la reunión.

[5m] Break

Todos se toman 5 minutos para recargar energías y continuar.

[40m] Uso del Incremento y Recopilación de Feedback

Los *stakeholders* utilizan el Incremento creado por el Equipo Scrum. Proporcionan feedback que cualquier miembro del Equipo Scrum va registrando. Cualquier persona puede sugerir mejoras a partir de la observación de uso del Incremento.

[20m] Decisión de cómo seguir

Se discuten y determinan modificaciones al *Product Backlog* a partir del feedback relevado.

[10m] Cierre y Retrospectiva

Se realiza una breve retrospectiva sobre esta Sprint Planning en busca de mejoras a futuro.

28

AGENDA DE UNA SPRINT RETROSPECTIVE

Esta agenda de *Sprint Retrospective* está basada en las 5 etapas listadas por Derby y Larsen su libro *Agile Retrospectives*[1]. Este enfoque es un patrón básico que puedes completar con diferentes actividades que cumplan el objetivo de cada etapa. Para profundizar más al respecto te recomiendo el sitio web: https://retromat.org. Vamos a nuestra agenda de ejemplo para una retrospectiva de una hora y media.

[10m] Armado del Escenario

Cada miembro del equipo cuenta al resto cómo se siente con respecto a esta retrospectiva y el nivel de interés (alto, medio, bajo, indistinto) con respecto a buscar mejoras en el proceso compartido.

[20m] Recolección de Datos

Se recorre el *Sprint* pasado identificando hechos y datos del mismo.

[20m] Indagación

Se profundiza en el análisis, indagando los por qué de esos hechos. ¿Por qué pasó lo que pasó? ¿Cuáles son las causas raíces? ¿Qué hay debajo de la superficie?

[30m] Decidir qué hacer

Identificados los hechos y sus causas, se decide en qué aspectos mejorar y se traza un plan de acción al respecto.

[10m] Cierre

Se cierra la retrospectiva con una evaluación de la misma y propuestas de mejora para futuras retrospectivas.

29

ANTI-PATRONES EN LOS EVENTOS

Un anti-patrón es una expresión que emerge del mundo del desarrollo de software e identifica aquellas soluciones que a simple vista parecen atractivas y fáciles de implementar, pero que en realidad, lejos de solucionar el problema, acaban provocando otros mayores.

Si lo asocias al modelado y análisis sistémico, podríamos decir que los anti-patrones son una suerte de optimización local. Una optimización local es "la tendencia de los actores dentro de un sistema complejo a hacer lo mejor en los confines de sus propios deberes y roles, sin comprender el mayor impacto de sus elecciones y acciones, o ignorar los objetivos de más alto nivel del sistema"[1].

Debido a que Scrum es muy simple de comprender a nivel intelectual, de hecho la Guía de Scrum tiene tan solo 13 páginas, pero esconde una complejidad considerable a la hora de ponerlo en práctica, muchas personas que inician su camino con Scrum pueden adoptar enfoques y prácticas que terminan siendo anti-patrones del framework. Veamos algunos relacionados con los eventos de Scrum, para que puedas identificarlos y evitarlos.

Sprint

- Comenzar un *Sprint* sin Objetivo de *Sprint*.
- Reducción de calidad en beneficio de la cantidad.
- Cambios de Objetivo en medio del *Sprint*.
- Seguimiento del *Sprint Burndown Chart* por parte del *Scrum Master* o *Product Owner*.
- Alargar un *Sprint* por retrasos en el desarrollo del Incremento.
- Ignorar el débito técnico.

Sprint Planning

- Presión del *Product Owner* por tomar *PBIs* que no respetan la Definición de Listo.
- Presión de los Desarrolladores por cumplir una Definición de Listo demasiado exigente que conduce a *big design upfront*.
- Presión del *Product Owner* por sumar más *PBIs* al *Sprint Backlog* que los definidos por los Desarrolladores.
- Sobre-compromiso de los Desarrolladores por hacer más de lo que pueden.
- Excesivo tiempo estimando para conformar a todos.
- Planificación demasiado detallada.
- Estimación en horas.

Daily Scrum

- Tomarla como una reunión de reporte de avance al Scrum Master, Product Owner.
- Participación de externos.
- Interpelación a los Desarrolladores y pedido de explicaciones.
- Reuniones con muchos participantes (señal de equipo demasiado grande).
- Resolución de problemas durante el encuentro.

- Interrupciones entre los participantes.
- Más de una conversación en paralelo.

Sprint Review

- Ausencia de *stakeholders*.
- *Stakeholder* pasivos y sin compromiso.
- *Product Owner* que solo aparece en la *Sprint Review* para dar feedback.
- Tomar la *Sprint Review* como una reunión formal de aceptación/rechazo de *PBIs*.
- Utilización de la reunión para validar el cumplimiento del plan del Sprint en vez de discutir acerca del producto y el futuro del mismo.
- Tomar el cumplimiento del plan del sprint como indicador de performance del equipo (output sobre outcome).
- No hacer la *Sprint Review* por no haber llegado con todo el trabajo y no haber cumplido el plan del Sprint.
- Hacer una Demo en vez de una Review.

Retrospectiva

- Ausencia del Product Owner.
- Participación obligada.
- Considerarla una pérdida de tiempo.
- No hacerla por tener mucho trabajo.
- Retrospectivas rutinarias y aburridas.
- Pasividad por parte del Equipo Scrum.
- Falta de empoderamiento del Equipo Scrum para modificar su forma de trabajar.
- No garantizar seguridad psicológica para la expresión de los participantes.
- Falta de respeto.
- Búsqueda de culpables.

VI

EQUIPO SCRUM

30

INTRODUCCIÓN

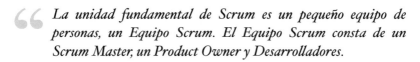

> *La unidad fundamental de Scrum es un pequeño equipo de personas, un Equipo Scrum. El Equipo Scrum consta de un Scrum Master, un Product Owner y Desarrolladores.*
>
> *- Guía de Scrum*

Tu Equipo Scrum funciona como centro de creación de Incrementos con el propósito de lograr el objetivo del producto. Ser la "unidad fundamental de Scrum" no es un detalle que debas pasar por alto. Todo lo contrario. Scrum sucede dentro del equipo y por ello desde el lugar que ocupes tienes que cuidarlo como la piedra fundamental a partir de la cual vendrá el resto.

Dentro de este equipo puedes ocupar uno de tres roles:

- Desarrollador
- *Product Owner*
- *Scrum Master*

Tanto si ocupas el rol de *Scrum Master* como si ocupas el rol de *Product Owner* podrías ocupar en paralelo el rol de Desarrollador, aunque no es requerido. Pero cuidado, no debes ocupar el rol de *Product Owner* y el de *Scrum Master* juntos dado que ambos roles funcionan por oposición de intereses.

Scrum no reconoce ningún tipo de jerarquía dentro de tu equipo, sub-equipos ni roles que no sean los mencionados previamente.

Dado que Scrum está diseñado para responder a bajo costo a los cambios inherentes a los ambientes complejos, tanto la estructura como el tamaño de tu equipo deben estar orientados a este fin.

Un Equipo Scrum tiene típicamente no más de 10 personas. Una mayor cantidad de personas ha demostrado no ser lo suficientemente eficiente a la hora de cambiar de dirección y tomar decisiones ágilmente. No debe ser muy pequeño tampoco, sino del tamaño necesario para que el Incremento producido en cada Sprint sea de un valor considerable.

Los equipos muy grandes se dividen en Equipos Scrum de no más de 10 personas, todos trabajando en un mismo producto, compartiendo no solo un único *Product Owner*, sino enfocados en un único objetivo de producto y *Product Backlog*. En el caso que desees profundizar en el uso de Scrum a gran escala te recomiendo un marco derivado de Scrum que se llama *LeSS* (*Large Scale Scrum*).

Un factor importante para considerar relacionado con el tamaño es que se espera que dentro de tu Equipo Scrum cuentes con todas las habilidades necesarias para poder entregar Incrementos de valor al final de cada *Sprint*. Esto implica que no necesites de la intervención de personas externas a tu equipo. Esta característica la llamamos multi-funcionalidad. Tu Equipo Scrum es un equipo multi-funcional.

Nadie externo a tu equipo interviene decidiendo tampoco qué trabajo realizan, cuándo lo realizan ni cómo lo realizan. Las decisiones sobre estos tres aspectos son potestad exclusiva de ustedes como Equipo Scrum. Tu equipo Scrum decide el qué, el cuándo y el cómo. Esta característica la llamamos autogestión. Tu Equipo Scrum es un equipo autogestionado.

Apelando a su capacidad multi-funcional y de autogestión, tu Equipo Scrum es responsable de hacer todo lo que sea necesario para entregar un Incremento al final de cada Sprint. Esto no solo incluye la construcción del Incremento, sino que también abarca la colaboración con tus *stakeholders*, la investigación, la experimentación, la negociación, la capacitación, el aprendizaje, etc.

31

DESARROLLADORES

 Los desarrolladores son las personas del Equipo Scrum que están comprometidas a crear cualquier aspecto de un Incremento utilizable en cada Sprint.

- Guía de Scrum

La designación de Desarrollador abarca cualquiera de los roles necesarios para construir el producto. Por ejemplo, si estamos construyendo sillas, el carpintero, el tapicero, el pintor, el diseñador y el probador de sillas son Desarrolladores. Si estuviésemos construyendo software entonces el *tester* sería un Desarrollador, el programador sería un Desarrollador, el analista de negocio, el diseñador de interfaz de usuario, el de *back-end*, el administrador de bases de datos, etc. serían todos Desarrolladores.

Si ocupas este rol, al margen de las habilidades técnicas que debas tener, las cuales varían según la industria en la cual te desempeñas, hay ciertas responsabilidades que son inalienables a ti y a los demás desarrolladores.

Creas el Plan del Sprint

En principio, ustedes son los responsables de crear el plan de cada *Sprint*. Para poder crear este plan, antes deberían haber estimado el trabajo a realizar, identificado cuánto de ese trabajo pueden realizar en el *Sprint* en cuestión, desglosar ese trabajo en diferentes tareas y darle cierta coherencia a todo ese trabajo.

Este plan se verá reflejado en el *Sprint Backlog*. Este plan no está escrito en piedra e irá mutando durante el Sprint en función del aprendizaje que vaya emergiendo.

Entregas solo aquello que esté "terminado"

En segunda instancia, deberán mostrarse comprometidos con los estándares de calidad asumidos por todos y registrados en la Definición de Terminado. Nadie podrá solicitarles la alteración de esos criterios con el fin de terminar más rápido o entregar más cantidad de producto. Deberás defender la calidad de tu trabajo como algo no negociable. El Incremento de cada *Sprint* debe estar alineado con este Definición de Terminado.

Por respeto a tu propio trabajo, a tus compañeros de equipo y a los stakeholders, no vas a entregar nada que no esté terminado.

Adaptas el plan frecuentemente

En tercer lugar, eres responsable de revisar día a día, junto a los demás desarrolladores, el avance hacia el objetivo del *Sprint*. Es su responsabilidad compartida detectar desvíos y tomar las decisiones necesarias para adaptar el plan de las próximas 24 horas con el objetivo de corregir cualquier eventualidad.

Se consideran mutuamente responsables

Finalmente, otra expectativa que tienes como Desarrollador es responsabilizarte y responsabilizar a los demás Desarrolladores a llevar adelante un trabajo profesional.

32

PRODUCT OWNER

 El Product Owner es responsable de maximizar el valor del producto resultante del trabajo del Equipo Scrum.

- Guía de Scrum

Si tu elección es ocupar el rol de *Product Owner*, no debes perder de vista que sigues siendo parte del Equipo Scrum. En particular, el responsable del producto desde el punto de vista de negocio. Debes velar por que los Incrementos que entregas como parte del Equipo Scrum sean del mayor valor posible en cada *Sprint*.

Al ocupar este rol debes asumir que eres el único responsable de tomar decisiones acerca del producto. El producto puede ser un producto digital, físico, un servicio o, inclusive, algo más abstracto como una experiencia. Aunque puedes recibir ayuda de otros, el *Product Ownership* no es un trabajo que realiza un comité, lo realizas solo tú. También recuerda que, si bien podrías tomar acciones en el rol de desarrollador, tu rol de *Product Owner* es completamente incompatible con desempeñar al mismo tiempo el rol de *Scrum Master*. Esta es una pregunta frecuente que recibo y es un concepto que es necesario reforzar.

Estableces los objetivos del producto

Una de tus responsabilidades es desarrollar y comunicar explícitamente los objetivos del producto.

Dada la naturaleza colaborativa de Scrum, lo ideal sería que estos objetivos no sean algo impuesto a los demás, sino el resultado de una creación conjunta alrededor de una visión de producto.

La visión de producto establece el escenario futuro que quieres lograr con el producto. Esta visión es típicamente utópica e inspiradora y determina la dirección, pero difícilmente te ayude a medir el progreso. La visión de producto no es parte del *framework* de Scrum.

A partir de la visión debes establecer la estrategia de creación del producto. En esa estrategia trazarás los diferentes objetivos del producto a ir alcanzando. Los objetivos de producto sí son parte del *framework* de Scrum.

Podríamos deducir entonces que cuando hablemos de Objetivos de Producto estamos hablando de diferentes hitos de negocio, medibles, que al encadenarse determinan la estrategia de producto hacia una visión.

Tanto la visión, como la estrategia, como los objetivos emergen del trabajo colaborativo que involucra a stakeholders y miembros del Equipo Scrum.

Garantizas el entendimiento del Product Backlog

Tu trabajo como *Product Owner* se desarrolla durante todo el día, todos los días del *Sprint*. Eres parte del Equipo Scrum, estás en contacto constante con el resto del equipo. Si trabajan de forma remota, estás accesible todo el tiempo. Si trabajan de manera presencial, te sientas juntos a los desarrolladores. En cualquier caso, trabajas codo a codo con el resto del Equipo Scrum durante todo el *Sprint*.

Tu responsabilidad es garantizar que todos entiendan lo mismo del *Product Backlog*. Esto no significa documentar detalladamente los requerimientos, sino conversar y verificar durante el *Sprint* que el Incremento que se vaya creando cumple con las expectativas.

Al mismo tiempo, coordinas y facilitas actividades que llamaremos Refinamiento donde los *stakeholders*, los desarrolladores y tú se involucran activamente en la definición del producto a mediano plazo y el entendimiento en detalle a corto plazo.

Determinas el orden en el que se hace el trabajo

Todo lo que forma parte del *Product Backlog* está ordenado. El orden es muy preciso para aquellas cosas prioritarias que se transformarán en un Incremento en el corto plazo.

No tiene mucho sentido dotar de mucha precisión al orden de aquellas cosas que tienen menor prioridad, en las que se trabajará en el mediano plazo, ya que cualquier esfuerzo que dediques a ordenar con precisión estos ítems es muy probable que debas invertirlo nuevamente cuando descubras que las prioridades deben cambiar a partir del *feedback* o el aprendizaje.

Definitivamente, los ítems del *Product Backlog* a largo plazo no tiene ningún sentido que estén ordenados. A medida que te acerques a ellos en el tiempo, en los Refinamientos, los irás ordenando con mayor precisión.

Visibilizas el Product Backlog

Ya hemos hablado de la importancia de la transparencia. Como *Product Owner*, eres responsable de que el *Product Backlog* sea accesible y conocido por todos los involucrados, ya sean miembros del Equipo Scrum, *stakeholders* o cualquier persona en la organización.

Esto no significa que cualquiera pueda alterarlo, recuerda que solo tú tienes la potestad de alterar el *Product Backlog*, pero sí debes facilitar el acceso a verlo, con el fin de informarse. Por ejemplo, sin importar la herramienta que utilices para almacenar el *Product Backlog*, la cual podría ser excel, google spreadsheets, trello, monday, jira, etc; no haya restricción de acceso y en cada comunicación/email que envíes, incluye en el pie un *link* a la visualización del *Product Backlog*.

33

SCRUM MASTER

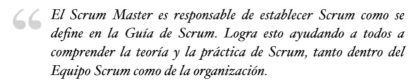

> *El Scrum Master es responsable de establecer Scrum como se define en la Guía de Scrum. Logra esto ayudando a todos a comprender la teoría y la práctica de Scrum, tanto dentro del Equipo Scrum como de la organización.*
>
> *- Guía de Scrum*

Si has escogido ocupar el rol de *Scrum Master*, estás iniciando un camino a través del cual debes lograr comprender Scrum en profundidad.

Tu foco está puesto en el proceso de trabajo y en la mejora continua. Tu objetivo es que el Equipo Scrum se desarrolle y logre ser un equipo:

- Competente: en el uso de Scrum. No solo en el conocimiento, sino en la puesta en práctica.
- Autogestionado: poder decidir quién trabaja en qué, cómo lo hace y cuándo lo hace.

- Y multifuncional: no depender de terceros para construir un Incremento en cada Sprint.

Para apoyarte en este emprendimiento te recomiendo desarrollar y dominar cuatro disciplinas claves: el training, la consultoría, la facilitación y el coaching.

Las habilidades de training te van a servir para poder transmitir los conocimientos necesarios para comprender Scrum.

Las habilidades de consultoría te serán útiles para aconsejar al Equipo Scrum y a los *stakeholder* cómo hacer uso de Scrum de una forma eficiente y evitando anti-patrones.

La facilitación será una habilidad clave a la hora de facilitar los diferentes eventos de Scrum y hacer que sean encuentros significativos para todos los involucrados con resultados de valor.

El coaching es una competencia esencial para acompañar al Equipo Scrum a superarse Sprint tras Sprint, derribar creencias auto limitantes y expandir su abanico de posibilidades con vistas a la entrega de valor. Mejorar sus prácticas particulares dentro del *framework* de Scrum.

Lideras Servicialmente

Eres un líder servicial. Facilitador o *Coach*, incluso muchas veces te van a referenciar con esos nombres en lugar de *Scrum Master*. Como vimos, tu responsabilidad es asegurar que se siga Scrum sin interferir directamente en el desarrollo del Incremento. El Equipo Scrum es quien elige la forma de trabajo que más prefiera, siempre que se cumplan las pautas básicas de Scrum, por ello mientras lo hagan no existe una forma "errónea" de trabajar.

Tu rol como *Scrum Master* también incluye asegurar que el desarrollo del producto tenga la mayor probabilidad de ser completado de forma exitosa. Para lograr este cometido, pones en práctica tu liderazgo servicial, dando servicio de cerca al Equipo Scrum, al *Product Owner* y a la organización.

Tu servicio al Equipo Scrum se verá reflejado mediante:

- El entrenamiento de los miembros del equipo en autogestión y multifuncionalidad;
- La ayuda al equipo a concentrarse en crear Incrementos de alto valor que cumplan con la Definición de Terminado;
- La canalización de la eliminación de impedimentos para el progreso del equipo; y,
- La ocupación para que todos los eventos de Scrum tengan lugar y sean positivos, productivos y se mantengan dentro del marco de tiempo.

Tu servicio al *Product Owner* se verá reflejado:

- Ayudándolo a encontrar técnicas para la definición de los objetivos del producto y la gestión del *Product Backlog*;
- Ayudando al Equipo Scrum a dar importancia a la necesidad de contar con Ítems del *Product Backlog* claros y concisos;
- Ayudándolo a establecer una planificación de producto empírica para un entorno complejo; y,
- Facilitando la colaboración de los stakeholders según se solicite o necesite

Tu servicio a la organización se reflejará en:

- El liderazgo, la capacitación y el *coaching* a la organización en su adopción de Scrum;
- La planificación y asesoramiento en implementaciones de Scrum dentro de la organización;
- La ayuda a los empleados y *stakeholders* a comprender y aplicar un enfoque empírico para el trabajo complejo; y,
- La eliminación de barreras entre *stakeholders* y Equipos Scrum.

VII

ALGO MÁS SOBRE EL EQUIPO SCRUM

34

UN EQUIPO REAL

Personalmente me gusta la diferenciación que los autores del libro *La sabiduría de los equipos*[1] hacen sobre los diferentes tipos de equipos que se pueden encontrar en las organizaciones. En el capítulo dedicado a los Equipos de mi libro *Agile Coach Profesional*[2] realizo un análisis más exhaustivo de este concepto, pero aquí nos detendremos en los aspectos fundamentales relacionados con Scrum.

Katzenbach & Smith proponen un orden de equipos en función de su menor a mayor rendimiento:

1. Grupo de Trabajo
2. Pseudo-Equipo
3. Equipo Potencial
4. Equipo Real
5. Equipo de Alto Rendimiento

Tu Equipo Scrum debe ser un equipo real con el objetivo de transformarse en un equipo de alto rendimiento. La definición de equipo real es la siguiente:

Un equipo real es un pequeño número de personas con habilidades complementarias que están comprometidas con un propósito común, comparten objetivos de desempeño y un enfoque de trabajo por los cuales se consideran mutuamente responsables entre sí.

- "The Wisdom of Teams" (Katzenbach & Smith, 2015)

Si analizamos en detalle, obtenemos lo siguiente:

- Un pequeño número de personas.
- Con habilidades complementarias.
- Comprometidos con un propósito común.
- Comparten objetivos de desempeño.
- Comparten un enfoque de trabajo.
- Se consideran mutuamente responsables entre sí.

Como puedes notar, esta definición es muy compatible con lo que hemos dicho hasta ahora del marco Scrum.

Un pequeño grupo de personas

Un equipo compuesto por un gran número de personas puede ser, en teoría, un equipo, pero el nivel de esfuerzo requerido para lograr sostenerlo será extremadamente alto. Lo más probable es que ese gran grupo de personas termine dividiéndose de forma natural en pequeños sub-equipos. Esto puede ocurrir incluso de forma implícita en la práctica, y es algo que buscas evitar.

Si este llegara a ser tu caso, tu equipo enfrentará una serie de inconvenientes que se transformarán en impedimentos a la hora de convertirse en un equipo real. Por ejemplo, tendrán dificultades para interactuar de forma efectiva y lograr acuerdos sobre acciones concretas. A esto se suman las dificultades para conseguir espacio físico y temporal para interactuar.

Cuando el grupo es numeroso, los integrantes tienden a asumir las reuniones y los encuentros como momentos preestablecidos que deben suceder por el simple hecho de suceder. Estos momentos carecen de propósito y, generalmente, son impuestos jerárquicamente, todo lo cual es contrario a lo que buscas con Scrum. Piénsalo al revés: en una reunión de menos participantes todos tienen la oportunidad de intervenir, al tiempo que se favorece la menor duración, alicientes importantes para incrementar el interés y el compromiso con lo que está sucediendo.

A los grandes grupos de personas les cuesta más lograr el sentido de propósito común, la interdependencia, la autogestión, y la responsabilidad compartida. Todo eso que los podría convertir en un equipo real, se diluye antes de lograr el cometido.

Grupos grandes y efecto Ringelmann

Un ingeniero francés llamado Maximilian Ringelmann es conocido por un estudio realizado sobre el hecho de competir tirando de una cuerda. De ahí surge el *Efecto Ringelmann*.

Este ingeniero midió la fuerza con la que las personas de un equipo tiraban de una cuerda y, a medida que le añadía más gente a la cuerda, descubrió que la fuerza total generada por el grupo aumentaba, pero en promedio cada miembro del equipo desmejoraba.

Ringelmann atribuyó esto a lo que se suele llamar holgazanería social: una situación en la que el equipo trata de esconder la falta de esfuerzo individual.

Según este efecto: "Después de cinco personas, cada individuo comienza a rendir menos", en tanto se escuda en la multitud.

Con habilidades complementarias

Como ya hemos deslizado antes, los miembros de tu Equipo Scrum deben tener una serie de habilidades complementarias entre sí. De esta manera, serán capaces de resolver los desafíos a los que se enfrentan día a día sin el apoyo de un tercero al equipo.

Es necesario que pensemos que no basta con contar con habilidades sólo técnicas o funcionales para el desarrollo del producto en cuestión.

Se incluyen también las habilidades de toma de decisiones, resolución de conflictos e interpersonales que le permita a tu equipo encontrar un entendimiento mutuo y un propósito común.

Personalmente veo dos riesgos en la forma tradicional de armar equipos.

Por un lado, muchas veces se arman equipos de especialistas que comparten habilidades, lo cual genera silos de conocimiento con la expectativa de que interactúen entre sí para la creación de productos o servicios. La consecuencia de este enfoque es la falta de responsabilidad sobre el producto final: ningún equipo es responsable del todo, sino solo de una parte.

El otro riesgo es armar equipos prestando demasiada atención a la complementariedad de las habilidades. Buscar personas con perfiles diferentes y especializados, dotando al equipo de absolutamente todas las habilidades necesarias no resuelve el problema, sino que lo agrava. Los equipos pequeños necesitan personas que puedan posicionarse en diferentes roles, según las necesidades. No es necesario que todos sepan de absolutamente todo, sólo es necesario un equipo de personas que pueda brindarse asistencia entre sí, que puedan aprender nuevas habilidades y fluir, en lugar de personas rígidas que sólo saben hacer una única cosa.

Muchas de las habilidades se pueden aprender y desarrollar. No es necesario que existan desde el momento del nacimiento del equipo. A través de la autogestión y el compromiso con un propósito común, los integrantes de un equipo real podrán identificar en forma conjunta las habilidades necesarias faltantes, y desarrollarlas en base a la responsabilidad individual que cada miembro tiene para con el equipo en su totalidad. A diferencia de los inicios de Scrum, hoy contamos con muchísima más información acerca de qué habilidades son deseables desplegar y de programas de formación o material que apoyo que pueden acompañarte en este camino de aprendizaje.

Comprometidos con un propósito común

Tener un propósito significativo, un desafío común a resolver, facilitará que tu Equipo Scrum se transforme en un equipo real. De lo contrario, no son más que personas, posiblemente trabajando juntas, pero sin una dirección que los una.

Está en nuestra naturaleza humana buscar un propósito. Tener un propósito común y significativo es el pilar para que tu Equipo Scrum pueda establecer su dirección, revisar continuamente sus aspiraciones y sostener la energía durante el camino.

Las investigaciones realizadas sobre el comportamiento de muchos equipos concluyen que los mejores propósitos son aquellos que un equipo real es capaz de generar alrededor de una demanda u oportunidad puesta en su camino. En el mundo de la agilidad, a este propósito se lo conoce también como Visión de Producto.

Una buena visión de producto es construida involucrando a los Desarrolladores. Esto fortalece la sensación de identidad que trasciende más allá de la suma de los integrantes.

Los grupos de personas que no son capaces de establecer un propósito compartido y significativo, o que no tienen el espacio ni la autoridad para hacerlo, difícilmente logren convertirse en un equipo real.

Comparten objetivos de desempeño

Tener un propósito común y significativo ayuda al equipo a perseguir objetivos de desempeño o performance que le permita enfocarse en lograr un Incremento de valor. Pensemos en el ejemplo de una persona que brinda cursos de agilidad como en mi caso. Dictar cursos no es mi propósito. Lo que me propongo es asistir a mis alumnos en mejorar el mundo del trabajo haciendo lo que les gusta. En este ejemplo, no podríamos medir el desempeño mediante la cantidad de alumnos por curso. El objetivo de performance se enfocará en el impacto que el instructor logre transmitir debido a lo que se propuso.

En el caso de un equipo, este estándar de desempeño consiste en las expectativas del equipo para con cada uno de sus miembros, el cual los desafía a comprometerse para hacer una diferencia.

Al tener un claro estándar de desempeño (en función de los objetivos de tu equipo), cuando un equipo se encuentra ante un desafío, los títulos, roles y rótulos de sus integrantes se desvanecen porque cada uno sabe cómo actuar. El equipo real hace uso de su autogestión, para identificar qué hay que hacer, cómo hay que hacerlo y de qué manera cada individuo puede contribuir de la mejor forma al logro del objetivo común.

Comparten un enfoque de trabajo

Una de las características recurrentes de los equipos reales es su capacidad para establecer su propia forma de trabajo y determinar la manera en la que van a trabajar juntos para alcanzar su propósito. Tu Equipo Scrum debe mejorar continuamente y tener la capacidad de establecer su propio proceso de trabajo, sin interferencias externas.

Esto implica decidir qué herramientas utilizar para construir los incrementos, cómo se prueban los PBIs construidos, cómo se documentan los hallazgos, cómo se visibilizan los impedimentos, cómo se hace seguimiento al progreso dentro del Sprint, etc.

Se consideran mutuamente responsables entre sí

Esta debe ser una de las distinciones más importantes en tu Equipo Scrum. "La responsabilidad compartida implica la solidaridad y el esfuerzo común de los miembros de un equipo real"[3].

Los integrantes de tu Equipo Scrum pasarán más horas trabajando en cuestiones compartidas y en conjunto que el tiempo que pasan trabajando solos y enfocados en sus áreas formales de responsabilidad. Incluso, pueden aventurarse en discusiones incómodas y difíciles para tratar temas escabrosos, como los reclamos por el no cumplimiento de compromisos y por hábitos que obstaculizan el alcance de los objetivos planteados.

RELACIONAMIENTO CON STAKEHOLDERS

En la Guía de Scrum se mencionan los stakeholders en varias oportunidades, pero en ninguna parte se define lo que Scrum interpreta como *stakeholder*.

Te propongo entenderlos como aquellas personas externas al Equipo Scrum quienes tienen intereses específicos y cierto conocimiento sobre el producto siendo construido, que se requieren para llevar adelante el trabajo de descubrimiento, es decir, de inspección y adaptación.

Representación e interacción

Los intereses de los *stakeholders* están representados por el *Product Owner*. Esto quiere decir que las decisiones que el *Product Owner* toma acerca del producto deberían tener en cuenta sus intereses, aunque no necesariamente respetarlos a rajatabla. ¿Por qué? El *Product Owner* no es un tomador de pedidos de los *stakeholders* ni tampoco es un mero intermediario entre ellos y los Desarrolladores.

Ya Steve Jobs decía que "La gente no sabe lo que quiere hasta que se lo enseñas". También cuenta la leyenda que al preguntarle a Henry Ford acerca de su invención del automóvil, él respondió "si le hubiera preguntado a la gente, me habrían pedido caballos más rápidos". Aunque no hay evidencia de que esta historia sea real, lo importante para que rescatemos es el punto que intenta destacar: que sus clientes no tenían idea de lo que querían hasta que vieron el automóvil. Eso sí: pedían llegar antes al destino, tardar menos en hacer las compras, tener la posibilidad de transportar más carga en menos tiempo. Nadie podría haber pedido un automóvil. Así como tampoco nadie podría haber pedido un *Smartphone* en 1995, cuando aparecieron las primeras PDA como la Palm Pilot, la Pocket PC y el Apple Newton.

Entonces, en primera instancia el *Product Owner* es quien interpreta esas necesidades y las transforma en una estrategia de producto, definiéndolo juntamente con los Desarrolladores.

Y en segunda instancia, dado que para que esto sea posible necesitamos un alto grado de interacción entre Desarrolladores y *stakeholders* se espera la colaboración de éstos a lo largo del desarrollo del producto tanto en las actividades de refinamiento como al final de cada Sprint, en la *Sprint Review*.

VIII

ALGO MÁS SOBRE SCRUM MASTERING

SCRUM MASTER Y EQUIPO SCRUM

El Equipo Scrum es un equipo autogestionado y multifuncional. Esa autogestión y esa multifuncionalidad no nacen de un día para el otro, sino que se enseñan y se nutren día a día.

Enseñas al equipo a autogestionarse

Debes saber que la autogestión no es para todos. Hay personas que se sentirán mucho más cómodas si alguien les dice qué, cómo y/o cuándo hacer las cosas. Pero eso es un síntoma. La preferencia es sentirse a salvo.

Muchas veces me dijeron que es por comodidad, pero no es lo que la vida me ha demostrado. Yo aprendí que más que comodidad, lo que las personas con ese comportamiento buscan es seguridad. Seguridad de que, si algo sale mal, no es su culpa. Pero el problema no está en las personas, sino en el sistema que busca culpables. Así es, la búsqueda de culpables socava la autogestión. Crear una cultura de confianza y seguridad en la organización ayudará a la autogestión de los equipos, ayudará a que esas personas que prefieren que alguien más les diga qué, cómo y cuándo se animen a tomar riesgos y, últimamente, se enamoren de la autogestión. Piensa por un momento como la autogestión es una manera de manifestar en la carne los valores de Scrum.

Mantener un contexto autogestionado requiere que trabajes en visibilizar la información (transparencia) para que las decisiones de adaptación que tome el Equipo Scrum los conduzca la mayoría de las veces a un buen resultado.

¿Sabes? Hay una diferencia muy importante entre las decisiones y los resultados. Una decisión se toma teniendo en cuenta la información con la que contamos y las probabilidades. El resultado puede, igualmente, no ocurrir.

Si tú quisieras ir de vacaciones a un lugar que está a ocho horas de distancia en automóvil de tu casa, ¿cuál sería la mejor decisión para llegar rápido, automóvil o avión? Casi todos coincidiremos que la mejor decisión sería ir en avión. Ahora imagina que mientras estás esperando el vuelo en el aeropuerto, aparece un cartel de vuelo cancelado hasta el día de mañana por la mañana. Aún así, la decisión tomada no fue mala, aunque el resultado sí lo fuese. Las decisiones no son buenas o malas según el resultado, sino que son buenas o malas según la información con la que se cuenta al momento de tomarla.

Finalmente, otro aspecto que apalanca a los equipos autogestionados es ayudarles a tener sed de logros, ganas. Eso lo consigues empoderándolos y motivándolos. Dan Pink en su libro Drive tiene mucha información acerca de motivación intrínseca, eso que hace a las personas desear seguir trabajando donde están y ponerle garra día a día. Los principales tres factores son la Autonomía (autogestión), Maestría (aprendizaje continuo) y Propósito.

Promueves la multifuncionalidad

La multifuncionalidad a nivel de equipo significa que sus miembros son interdependientes entre sí y que existen dentro del mismo todas las competencias básicas para la construcción del Incremento. Ser un equipo multifuncional no significa que todos necesitan aprender a hacer todo.

La intención de Scrum es alentar al equipo a superar los silos de las disciplinas tradicionales, aprender más y ser más robustos frente a cambios inesperados y contratiempos. Aumentar la multifuncionalidad aumenta la resiliencia del Equipo Scrum.

Perfiles "I" vs. perfiles "T"

Para fomentar la colaboración a través de habilidades complementarias, puedes basarte en el concepto de perfiles "T"[1].

Este concepto se utiliza para identificar a profesionales que tienen una habilidad principal (representada por la línea vertical de la letra T) y, además, tienen la capacidad de desarrollar ramificaciones hacia otras habilidades (representadas por las líneas horizontales de la letra T).

Esta identificación de perfiles fue difundida para diferenciarse por contraste a los perfiles "I", los cuales desarrollan una habilidad en particular y se especializan exclusivamente en ella.

Tu Equipo Scrum necesita profesionales que colaboren, no sólo que trabajen juntos. Que sean capaces de ayudarse mutuamente y transmitirse conocimientos para el desarrollo de nuevas habilidades.

Aseguras Valor y Progreso

Ayuda al equipo a concentrarse en crear Incrementos de alto valor que cumplan con la Definición de Terminado.

Ya hemos establecido que el propósito de Scrum es crear un Incremento al final de cada Sprint. Esto es tan importante que, en el pasado, se han utilizado muchos términos para describir este artefacto Scrum: funcionando, entregable, terminado, terminado-terminado. Sin embargo, muchos equipos luchan por producir un Incremento terminado.

Sin un producto que funcione, no tienes transparencia sobre el progreso y la calidad. No tienes la capacidad de validar los supuestos y el aprendizaje.

Para maximizar la probabilidad de lograr un incremento funcionando presta atención a los siguientes aspectos.

Que los impedimentos sean removidos

Es habitual que los equipos entren en la vorágine de entregar un incremento funcionando y crean no contar con tiempo disponible para otras cosas como, por ejemplo, abordar sus potenciales impedimentos. Cuando los impedimentos potenciales no se resuelven dentro del equipo, se transforman en impedimentos reales, reduciendo su capacidad de construcción del incremento.

Que se fomente la colaboración

La falta de colaboración dentro del equipo es otra de las causas frecuentes por las que el Equipo Scrum podría no llegar a entregar un incremento funcionando. Cuando no hay colaboración, cada desarrollador trabajará de forma aislada, aunque coordinando y conversando constantemente con otros, su trabajo está enfocado en una pieza en particular.

En esa situación verás que el equipo tiene mucho trabajo en progreso, cada uno trabajando en un ítem. Esto impide que el equipo pueda enfocarse en terminar una cosa antes de pasar a la siguiente.

Además, se desdibujan las prioridades ya que, al trabajarse muchas cosas en paralelo, pasan todas a tener la misma prioridad tácita.

Una tercera consecuencia de la falta de colaboración son los problemas tardíos de integración. Estos surgen hacia el final del sprint cuando los desarrolladores intentan integrar el trabajo que cada uno hizo de forma aislada, cosa que se podría haber evitado con una integración temprana o continua, consecuencia de la colaboración y la atención por prácticas técnicas que la habiliten. Como habrás notado, la colaboración no es una práctica "bonita" y deseable para el Equipo Scrum, que incluso muchos confunden con algo semejante a una amistad, sino una estrategia concreta en el negocio que trae beneficios para que todos trabajemos mejor.

Que en cada Sprint exista un objetivo claro

Tener un objetivo de *Sprint* ambiguo, difuso o completamente ausente es otra causa habitual por la que el equipo puede no estar logrando construir un incremento funcionando en cada Sprint.

El Objetivo del *Sprint* es tu norte, tu brújula. Cada día del *Sprint* deben preguntarse si se están acercando o alejando del objetivo perseguido. Esta brújula hace que tengas siempre presente cuál es el destino: un incremento funcionando.

El camino puede cambiar, el trabajo puede cambiar, el diseño puede cambiar, las características pueden ser diferentes, pero todo apunta a lograr el objetivo del *Sprint*.

Cuando el equipo se encuentre frente a un desafío que ponga en peligro el logro de un incremento funcionando, el objetivo del *Sprint* habilita un espacio de negociación de alcance entre los desarrolladores y el Product Owner, de forma tal de encontrar alternativas que permitan entregar un incremento funcionando que cumpla con el objetivo del *Sprint*, aunque con un alcance reducido.

Que no haya modificaciones en el Sprint Backlog

El *Sprint Backlog* es un artefacto emergente del trabajo y el aprendizaje del equipo durante el *Sprint*. El objetivo del *Sprint* nos asegura que a esa emergencia le da dirección y coherencia. Si a este escenario le sumamos cambios inducidos desde el exterior, tenemos un cóctel explosivo.

Las modificaciones del *Sprint Backlog* llevan a que los desarrolladores pierdan el foco y que el trabajo hecho hasta el momento sea un desperdicio potencial. Por lo tanto, el riesgo de finalizar el sprint con un incremento incompleto es alto.

Canalizas la eliminación de Impedimentos

Un impedimento es todo aquello que evita que el Equipo Scrum realice su trabajo y se acerque al objetivo del *Sprint*.

La lista de posibles impedimentos u obstáculos puede incluir, entre otros:

- Inconvenientes con las herramientas que el equipo utiliza para realizar su trabajo
- Deuda técnica
- Relaciones con proveedores que no fluyen
- Conflictos entre miembros del equipo
- Product Owner sin poder de decisión
- Product Owner ausente
- Falta de habilidades claves dentro del equipo
- Interrupciones externas al equipo
- Ausencias por enfermedad o cuestiones personales impostergables
- Renuncias imprevistas
- Reestructuración organizacional
- Cambios de políticas empresariales

Tú en tu rol de *Scrum Master* eres el responsable de iniciar el movimiento hacia la resolución de estas dificultades.

Préstame atención solo un segundo: no eres quien debe remover los obstáculos, sino quien debe velar por hacerlos visibles y apelar a la autogestión del equipo para que los miembros resuelvan esos impedimentos por ellos mismos.

Los únicos impedimentos que resuelves por ti mismo son aquellos que exceden las capacidades de autogestión del Equipo Scrum. Por ejemplo, si hay conflictos entre los miembros del equipo, tú no tienes que resolver el conflicto, sino mediar para que ellos mismos sean quienes lo resuelven. De lo contrario generarías una relación de dependencia, en definitiva, lo contrario a promover la autogestión.

En el mismo orden, la falta de habilidades claves dentro del equipo no necesariamente debe convertirse en un impedimento si se da una conversación dentro del equipo y alguien decide aprender esas habilidades.

Tu intervención con respecto a los impedimentos aparece solo cuando el equipo declara no poder hacer nada al respecto.

Velas por un Scrum Positivo

Tu responsabilidad para con los eventos de Scrum es que tengan lugar y sean positivos, productivos y se mantengan dentro del marco de tiempo.

En cada evento actúas como facilitador. Un facilitador es una persona que aporta estructura y procesos a los eventos en los que interviene para que los participantes puedan lograr acuerdos y tomar decisiones de forma participativa.

Como facilitador, te mantienes neutral durante los eventos y solo te enfocas en el proceso empleando prácticas que ayuden a la gestión del tiempo, el mantenimiento del sentido de las conversaciones, la participación por igual de todos los interesados, el respeto de una agenda previamente pautada y el logro de los objetivos establecidos en cada evento.

A un nivel más profundo, te servirá desarrollar competencias de facilitación para poder identificar dinámicas de grupo y situaciones conflictivas y así mediar para resolver las diferencias que impidan lograr acuerdos.

37

SCRUM MASTER Y PRODUCT OWNER

En tu rol de *Scrum Master*, le prestas servicio al *Product Owner* en todo lo que tenga que ver con la comprensión de Scrum y el desarrollo de las competencias claves para llevar adelante su rol, veamos un poco más al respecto.

Le enseñas a gestionar el Product Backlog y clarificar PBIs

Provees al *Product Owner* técnicas para la definición de los objetivos del producto y la gestión del *Product Backlog*. Esto puede incluir diferentes tipos de técnicas y enfoques de priorización y refinamiento de los ítems del *Product Backlog* y la gestión de *stakeholders*.

Los desafíos más habituales a los que puedes enfrentarte con respecto a la gestión del *Product Backlog* son:

- La percepción de que todo es importante, haciendo que no haya prioridades claras
- La creencia de que el *Product Owner* es un intermediario, no habiendo contacto entre los desarrolladores y los *stakeholders*
- El convencimiento de que mientras más detallados sean los

requerimientos mejor será la comprensión de estos, haciendo que las conversaciones sean escasas
- La tendencia a "congelar" el *Product Backlog* una vez definido, impidiendo así la respuesta temprana a los cambios de negocio y tecnológicos

Al mismo tiempo, dedicas tiempo a ayudar al Equipo Scrum a dar importancia a la necesidad de contar con *Ítems del Product Backlog* claros y concretos.

Si existe ambigüedad en los acuerdos que terminan reflejados en los ítems del *Product Backlog*, estás abriendo la puerta a un enemigo silencioso que socava la calidad del Incremento y la confianza entre Equipo Scrum y stakeholders.

Lo educas en Adaptabilidad

Concientizas al *Product Owner* en el para qué y el cómo establecer una planificación de producto empírica para un entorno complejo.

Muchos *Product Owners* pueden venir con una creencia tradicional y un enfoque predictivo para la creación de productos. ¿Qué quiero decir con esto? Que muchos creerán que el trabajo de definición y diseño del producto es algo que se puede hacer de forma anticipada, antes de su construcción y no necesitará ser adaptado.

Por el contrario, en un contexto complejo eso es un camino que ha demostrado no funcionar. Tu desafío es ayudar al *Product Owner* a comprender las ventajas que un enfoque adaptativo tiene por encima de un enfoque predictivo.

Los comportamientos que puedes encontrar en *Product Owners* que aun no terminan de comprender el valor de un proceso adaptativo, aunque utilicen Scrum son:

- Frustración por el retrabajo
- Preferencia por la comunicación escrita
- Reticencia a la conversación

- Necesidad de intermediación con clientes

Facilitas la colaboración con stakeholders

Otro punto de apalancamiento que brindas al *Product Owner* es la facilitación de la colaboración de los *stakeholders* según se solicite o necesite.

En los encuentros de Refinamiento como en los eventos de *Sprint Review*, tu participación como facilitador de conversaciones entre el Equipo Scrum y los *stakeholders* es fundamental. Recuerda que estas actividades y eventos son espacios donde se requiere que los participantes logren acuerdos claros y tomar decisiones de forma participativa.

SCRUM MASTER Y ORGANIZACIÓN

En tu papel de *Scrum Master* también brindas servicio a la organización a la que perteneces. En este sentido, hay tres áreas de trabajo en la que pones el mayor foco: liderar la adopción, promover la cultura necesaria y maximizar la comunicación.

Lideras la adopción de Scrum

En principio, lideras y capacitas a la organización en su adopción de Scrum. Tus habilidades de entrenador/educador son claves en este punto. Todas las personas que se involucran con la adopción de Scrum deben estar educadas acerca del marco de trabajo: cómo se utiliza, cuáles son sus eventos, roles y artefactos, cuál es el "para qué" detrás de cada evento, cuales son las responsabilidades de cada rol, etc.

Una vez superada la etapa de entrenamiento de las personas en Scrum, adoptarás un rol de consultor, mediante el cual planificas y brindas asesoramiento en las implementaciones de Scrum dentro de la organización, sugiriendo cómo llevar adelante la práctica del marco.

En la medida en que el Equipo Scrum comienza a adueñarse de esa práctica mueves tu foco principalmente a actividades de coaching de equipo para que, ahora que siguen Scrum, logren desafiar sus propias creencias limitantes y superarse a sí mismos Sprint tras Sprint para mejorar continuamente sus procesos, más allá del marco de trabajo.

Promueves una cultura amigable con Scrum

Ayudas a los miembros de la organización y a los *stakeholders* del Equipo Scrum a comprender y aplicar un enfoque empírico para el trabajo complejo y a enaltecer los valores de Scrum. Como *Scrum Master*, estás en una posición privilegiada para llevar adelante el trabajo necesario con todos los actores de la organización para este cometido.

En este sentido, trabajas para obtener apoyo de los líderes organizacionales, reconoces tus errores para que otros reconozcan los suyos, insistes constantemente para evitar interrupciones a los equipos Scrum y tendencias al multitasking; creas un ambiente donde las personas se animen a tomar riesgos tanto a nivel profesional como a nivel interpersonal.

Maximizas la comunicación

Eliminas las barreras entre *stakeholders* y Equipos Scrum.

Tanto en los momentos donde se realice Refinamiento del *Product Backlog* como en las *Sprint Reviews*, ves oportunidades para evitar intermediarios y fomentar la conversación y creación de confianza entre *stakeholders* y Equipos Scrum. Esto implica la conversación cara a cara, interacción directa y una relación respetuosa.

IX

ALGO MÁS SOBRE PRODUCT OWNERSHIP

39

ALINEAMIENTO ENTRE ORDEN Y EXPECTATIVAS

Un modelo que puede ayudarte a validar la importancia que cada *PBI* tiene para tu audiencia es el modelo KANO. Pero antes, debo aclararte tres cosas:

1. Eel modelo KANO no es parte de Scrum, sino una recomendación personal,
2. Me voy a referir a tus usuarios o consumidores como la "audiencia" de tu producto o servicio.
3. No te servirá para ordenar los PBIs dado que no te dará una posición específica para cada uno de ellos en el *Product Backlog*, lo más lejos que podrás llegar es a agruparlos en cuatro grandes categorías. Es por eso que te conviene utilizar el modelo KANO únicamente como una primera aproximación o como una validación de alto nivel de la alineación que hay entre el aporte esperado de cada PBI al objetivo de producto y las expectativas de tus usuarios o consumidores.

Ahora si, volviendo al modelo KANO, la idea es agrupar las características de un producto en cuatro grandes grupos:

Características requeridas

Son todas aquellas características que tu audiencia da por sentadas cuando se cumplen, pero les genera insatisfacción cuando el producto no las contempla.

Un ejemplo de esto sería un reproductor de música donde se entrecorta la transmisión del sonido. Tus usuarios estarán insatisfechos mientras se interrumpa la música, pero el hecho de que no se entrecorte no les aumentará la satisfacción ni andarán contando por ahí lo bueno que es que la música se escuche de corrido.

Dado que la mayoría de los usuarios de productos dan por sentado el cumplimiento de este tipo de características y las consideran como 'de mínima', es poco probable que las mencionen si les preguntas qué cosas les gustaría ver en el producto, por lo tanto, te dejaré algunas recomendaciones en la parte que trata el manejo de *Product Backlog* en profundidad.

Lo más acertado es que los *PBIs* más prioritarios del *Product Backlog* estén dentro de estas características.

Características buscadas

Una característica se cataloga como buscada cuando satisface a tu audiencia si está presente en tu producto y genera insatisfacción si falta. Estas son las características que por lo general se mencionan en los productos de consumo masivo o en las presentaciones corporativas de productos internos en las compañías.

Siguiendo con el ejemplo del reproductor musical en línea, dos ejemplos de características buscadas podrían ser la capacidad de descargar tu música y la posibilidad de escuchar sin anuncios.

Por lo general entra en esta categoría un segundo grupo importante de PBIs con prioridades altas en el *Product Backlog*.

Características sorprendentes

Estas son características que causan satisfacción si están presentes, pero no generan insatisfacción si tu producto no cuenta con ellas debido a que tu audiencia no las espera.

En el ejemplo hipotético del reproductor musical en línea, una característica de este estilo es que puedan sincronizar diferentes dispositivos y comandar unos desde otros, por ejemplo, reproducir una canción en el computador, pero operando desde el teléfono móvil.

Por lo general es una categoría que agrupa PBIs de baja prioridad. Si en tu *Product Backlog* tienes alguno de alta prioridad que cae en esta categoría cabe que te replantees la estrategia.

Características no esperadas

Son aquellas que, de estar presentes en tu producto, podrían causar insatisfacción en tu audiencia y por eso no las espera. Imagínate si el reproductor en línea tuviese una característica mediante la cual te envía un correo electrónico cada vez que reproduces una canción. Pronto tendrás tu casilla de correo repleta de e-mails que no aportan valor.

Definitivamente, no debería haber *PBIs* en tu *Product Backlog* que califiquen en esta categoría.

¿Cómo puedes detectar la categoría de cada PBI?

Para poder detectar a qué categoría pertenece un *PBI* en particular deberás hacer dos preguntas a tus *stakeholders*, una por la positiva y otra por la negativa. Veamos un ejemplo:

PBI: Posibilidad de crear listas propias de reproducción

Pregunta Positiva: ¿Cómo te sentirías si tuvieses la posibilidad de crear listas propias de reproducción?

- Me gustaría
- Esperaría que siempre fuese así

- Neutral
- Podría vivir con ello
- Me disgustaría

<u>Pregunta Negativa</u>: ¿Cómo te sentirías si no tuvieses la posibilidad de crear listas propias de reproducción?

- Me gustaría
- Esperaría que siempre fuese así
- Neutral
- Podría vivir con ello
- Me disgustaría

Luego, podrías utilizar la siguiente matriz para categorizar cada *PBI* en función de la respuesta de tus *stakeholders*:

		Pregunta Positiva				
		Me Gustaría	Lo Esperaría	Neutral	Podría vivir así	Disgustaría
Pregunta Negativa	Me Gustaría	Cuestionable	No Esperada	No Esperada	No Esperada	No Esperada
	Lo Esperaría	Sorprendente	Indiferente	Indiferente	Indiferente	No Esperada
	Neutral	Sorprendente	Indiferente	Indiferente	Indiferente	No Esperada
	Podría vivir así	Sorprendente	Indiferente	Indiferente	Indiferente	No Esperada
	Disgustaría	Buscada	Requerida	Requerida	Requerida	Cuestionable

40

REFINAMIENTO DEL PRODUCT BACKLOG

 El refinamiento del Product Backlog es el acto de dividir y definir aún más los PBIs en elementos más pequeños y precisos.

- Guía de Scrum

El refinamiento del *Product Backlog* no es un evento de Scrum sino una actividad. Esto significa que en el *framework* no hay una reunión específica dedicada a ello. Esta actividad es coordinada de forma autogestionada por el Equipo Scrum, quienes deciden quienes, cuándo y durante cuánto tiempo realizan el refinamiento del *Product Backlog*.

Durante el refinamiento revisas los *PBIs* tentativos de Sprints futuros, pero no de muchos *Sprints* futuros porque estarías anticipándote demasiado sin haber validado necesidades reales e invirtiendo demasiado esfuerzo en PBIs de baja prioridad con posibilidad de ser descartados. Por eso vas a refinar no más de tres o, como mucho, cuatro Sprints futuros.

Te recomiendo invitar a quienes identifiques como actores claves de tu audiencia a participar del refinamiento. Estos podrían ser stakeholders, usuarios, clientes, consumidores, etc.

Recuerda que esos *PBIs*, aunque refinados, siguen siendo tentativos y podrían cambiar en orden y necesidad, por lo que no hay garantías que se lleven a cabo en los Sprints previsto, por eso los llamo "tentativos".

Un Product Backlog Eficiente

Cuando hablamos de eficiencia, hablamos de obtener el mayor beneficio con el menor esfuerzo posible. Este concepto llevado al Product Backlog significa invertir el esfuerzo de exploración y profundización de la manera más inteligente posible para evitar re-trabajos y desperdicios. Por esto, fomentamos un Product Backlog donde sus PBIs más prioritarios están expresados con un nivel de detalle mucho mayor que los PBIs de menor prioridad, los cuales están descriptos a un nivel más alto, ya que son los más susceptibles de ser alterados o reemplazados.

41

_____

PBIS E HISTORIAS DE USUARIO

 El método más eficiente y efectivo de comunicar información al equipo de desarrollo y entre sus miembros es la conversación cara a cara.

Manifiesto por el Desarrollo Ágil de Software

Este capítulo tuvo su debut siendo el capítulo número 4 del libro "Proyectos Ágiles con Scrum" que publiqué en 2013. Ocho años más tarde, mi mirada sobre las Historias de Usuario ha cambiado lo suficiente como para incluir una versión actualizada en este nuevo libro.

Product Backlog Items (PBIs)

Como te conté en su momento, los Ítems del *Product Backlog* (*PBIs*) son los elementos que componen el *Product Backlog*. Al no ser prescriptivo, Scrum no indica cómo redactarlos ni gestionarlos, por lo que se han utilizado muchas técnicas y herramientas para hacerlo, por ejemplo, casos de uso, requerimientos, escenarios, historias de usuario, épicas, bugs, *spikes*, etc.

Sea cual sea el enfoque que utilices para describir tus *PBIs*, hay al menos tres aspectos que no deben faltar:

- Una descripción de lo que se espera
- Una estimación del esfuerzo necesario para crearlo
- Un orden con respecto al resto de los *PBIs*

Ahora bien, el formato más utilizado para los *PBIs* son las Historias de Usuario de *Extreme Programming*. Hablemos un poco de ellas, pero no sin antes revisar el contexto histórico que les dio origen.

Desafío con los requerimientos

La forma en la que se comunican los requerimientos a los equipos que construyen productos tiene mucho de la ingeniería civil. Al ser esa una industria que se desarrolla principalmente en ambientes complicados con problemas bastante predecibles, no es para nada descabellado que, a la hora de construir puentes, edificios, fábricas, etc., se elaboren requerimientos extremadamente detallados como planos estructurales, diseños de instalaciones eléctricas y sanitarias, etc. para que luego un equipo de constructores repliquen en la realidad, con materiales estables y de comportamiento predecible, lo que ven en esas especificaciones.

La cuestión es que, en ambientes complejos, donde los constructores no tienen que replicar lo que ven en los planos, sino transformar supuestos de alto nivel de abstracción en un producto nuevo, este modelo no funciona.

Pero antes de meternos en la solución a este problema, analicemos el paradigma donde esa solución se desarrolla.

Principio de la mejora continua

La mejora continua es la práctica de evaluar constantemente tus acciones a la luz de tus resultados, identificando puntos de mejora y experimentación, de forma sistemática, con el objetivo de tener cada vez mejores resultados. Para llevar adelante esa mejora, entonces, es necesario inspeccionar y adaptar.

Para ilustrar diferentes tipos de mejoras que podrías llevar adelante cuando no te satisfacen los resultados, voy a tomar prestado un modelo ideado por Echeverría y Pizarro, quienes lo han llamado "OSAR", como referencia al siguiente esquema:

(**O**)bservador (**S**)istema (**A**)cciones (**R**)esultados

El modelo OSAR se lee de derecha a izquierda, comenzando por los **Resultados** porque sostiene la premisa que nuestras interpretaciones y acciones se evalúan a partir de los resultados que obtenemos. Es decir, la única explicación es el resultado.

Según este modelo, cuando evalúas tus resultados y no estás conforme con ellos, tienes frente a ti una gran oportunidad de aprendizaje. Este aprendizaje se puede dar en dos órdenes diferentes, te los presento a continuación.

Aprendizaje de primer orden

Este orden de aprendizaje sucede al modificar nuestras acciones en busca de nuevos resultados. Probamos hacer algo mejor a lo realizado hasta ese momento. De esta manera, aprendemos nuevas formas de hacer las mismas cosas y desarrollamos nuestras competencias.

En el caso típico de los requerimientos, cuando la contraparte no los comprende como nosotros esperamos, lo que hacemos es mejorar la forma de especificar. Especificamos diferente, con mayor profundidad, creamos escenarios, incluimos actores, sumamos diagramas, etc.

Luego, con esa acción mejorada, esperamos un resultado diferente. Si el resultado no es lo esperado, volvemos a mejorar la acción. Y así sucesivamente.

Aprendizaje de segundo orden

Muchas veces el aprendizaje de primer orden no es suficiente para producir un cambio significativo en los resultados. En este caso, aparece la posibilidad de un aprendizaje de segundo orden en el cual el cambio se da a nivel del observador y no a nivel de acciones.

De esa manera, nos constituimos en un nuevo observador, diferente al que éramos y vemos la realidad de una nueva manera. Al ser un nuevo observador tienes la capacidad de ver nuevas acciones que, hasta ese momento, no existían en el ámbito de lo posible. Al ver la realidad de manera diferente es posible hacer cosas nuevas.

El resultado de este aprendizaje de segundo orden fue dejar de mejorar la forma de especificar y, así como suena, empeorarla. Hacerla tan deficiente que no quede otra opción más que juntarse a conversar para entender la problemática y lo que se espera. Por eso se dice que las Historias de Usuario son, ni más ni menos, que el recordatorio de una conversación pendiente.

En definitiva, las Historias de Usuario surgieron como una respuesta a una situación habitual en los proyectos de desarrollo de software: los clientes o especialistas de negocio se comunican con los equipos de desarrollo a través de extensos documentos conocidos como especificaciones funcionales. A su vez, las especificaciones funcionales son la documentación de supuestos y están sujetas a interpretaciones, lo que causa malentendidos y que finalmente el software construido no se corresponda con la realidad esperada.

Una de las principales razones por las cuales la utilización de especificaciones detalladas como medio de comunicación no conduce a resultados satisfactorios es porque solo cubre una porción mínima (7%) del espectro de la comunicación humana: el contenido. Según Albert Mehrabian, la comunicación humana se compone de tres partes[1]:

- En un 7%: El contenido (las palabras, lo dicho)
- En un 38%: El tono de la voz
- En un 55%: Las expresiones faciales

Por esto se concluye que, para tener una comunicación sólida, completa, es necesario el contacto cara-a-cara entre los interlocutores. En un esfuerzo orientado a que esas conversaciones existan, podemos decir que las Historias de Usuario son especificaciones funcionales que invitan a la conversación para que el detalle sea consecuencia de esta última y no un remplazo.

Componentes de una Historia de Usuario

Una Historia de Usuario se compone de 3 elementos, también conocidos como "las tres Cs"[2] de las Historias de Usuario:

- **Card (Tarjeta)** – Toda historia de usuario debe poder describirse en una tarjeta/ficha de papel pequeña. Si una Historia de Usuario no puede describirse en ese tamaño, es una señal de que estamos traspasando las fronteras y comunicando demasiada información que debería compartirse cara a cara.
- **Conversación** – Toda historia de usuario debe tener una conversación con los stakeholders. Una comunicación cara a cara que intercambia no solo información sino también pensamientos, opiniones y sentimientos.
- **Confirmación** – Toda historia de usuario debe estar lo suficientemente explicada para que el equipo de desarrollo sepa qué es lo que debe construir y qué es lo que se espera para darla como terminada. Esto se conoce también como *Criterios de Aceptación*.

Redacción de una Historia de Usuario

Mike Cohn sugiere una determinada forma de redactar Historias de Usuario bajo el siguiente formato:

 Como (rol) Necesito (funcionalidad) Para (beneficio)[3]

Los beneficios de este tipo de redacción son, principalmente:

Primera Persona

La redacción en primera persona de la Historia de Usuario invita a quien la lee a ponerse en el lugar del usuario.

Orden

Tener esta estructura para redactar la Historia de Usuario ayuda al *Product Owner* a ordenar el *Product Backlog*. Si el *Product Backlog* es un conjunto de ítems como "Permitir crear un evento tentativo", "Confirmar un evento tentativo", "Notificar al responsable de logística", "Ver el estado de inscripciones", etc. el *Product Owner* debe trabajar más para comprender cuál es la característica de producto, quien se beneficia y cuál es el valor de esta.

Propósito

Conocer el propósito de una característica del producto permite al Equipo Scrum plantear alternativas que cumplan con el mismo propósito en el caso de que el costo de la característica esperada sea alto o su construcción no sea viable.

INVEST - Características de una Historia de Usuario

Te recomiendo que toda Historia de Usuario cumpla con 6 características que puedes recordar bajo la regla mnemotécnica "INVEST"[4]:

Independientes (I)

Las Historias de Usuario deben ser independientes de forma tal que no se superpongan y que puedan planificarse y desarrollarse en cualquier orden.

Muchas veces esta característica no puede cumplirse para el 100% de las Historias. El objetivo que debemos perseguir es preguntarnos y cuestionarnos en cada Historia de Usuario si hemos hecho todo lo posible para que ésta sea independiente del resto.

Negociable (N)

Una buena Historia de Usuario es Negociable. No es un contrato explícito por el cual se debe entregar todo-o-nada. Por el contrario, el alcance de las Historias (sus criterios de aceptación) podrían ser variables: pueden incrementarse o eliminarse con el correr del desarrollo y en función de la inspección del producto. En el caso de que uno o varios criterios de aceptación se extraigan de una Historia de Usuario, estos se transformarán en una o varias Historias de Usuario nuevas.

Valorable (V)

Una Historia de Usuario debe ser Valorable por el Product Owner. Los Desarrolladores pueden tener actividades técnicas como parte del *Product Backlog*, pero para que puedan ser consideradas una Historia de Usuario, deben ser enmarcadas de forma tal que el *Product Owner* las considere importantes, caso contrario, no deberían formar parte del *Product Backlog*.

En general, esta característica representa un desafío a la hora de dividir Historias de Usuario. Bill Wake propone pensar en una Historia de Usuario como si fuese una torta de múltiples capas, por ejemplo: una capa de persistencia, una capa de negocio, una capa de presentación, etc. Cuando dividamos esa Historia de Usuario, lo que vamos a estar sirviendo es una parte de esa "torta" y el objetivo debería ser darle al *Product Owner* la esencia de la "torta" completa, y la mejor manera de hacerlo es cortando una rodaja vertical de esta "torta" a través de todas las capas. Los Desarrolladores tenemos una inclinación especial de trabajar en una capa a la vez hasta completarla, pero una capa de persistencia de datos completa y terminada tiene muy poco o ningún valor para el *Product Owner* si no hay una capa de negocio y de presentación.

Estimable (E)

Una Historia de Usuario debería ser estimable. Mike Cohn[5], identifica tres razones principales por las cuales una Historia de Usuario no podría estimarse:

* **La Historia de Usuario es demasiado grande**. En este

caso la solución sería dividir la Historia de Usuario en historias más pequeñas que sean estimables.

- **Falta de conocimiento funcional**. En este caso la Historia de Usuario vuelve al *Product Owner* para bajar en detalle la Historia o inclusive (y recomendable) tener una conversación con el Equipo de Desarrollo.
- **Falta de conocimiento técnico**. Muchas veces el Equipo de Desarrollo no tiene el conocimiento técnico suficiente para realizar la estimación. En estos casos el Equipo de Desarrollo puede dividir la historia en 1) un *time-box* conocido como *spike* que le permita investigar la solución y proveer una estimación más certera y 2) la funcionalidad a desarrollar como parte de la Historia en si misma.

Pequeña (Small)

Toda Historia de Usuario debe ser lo suficientemente pequeña de forma tal que permita ser estimada por los Desarrolladores. Si bien no es una medida explícita, tener entre 6 y 8 Historias de Usuario por *Sprint* es una buena señal de tamaño.

Las descripciones de las Historias de Usuario también deberían ser pequeñas, y escribirlas en fichas pequeñas ayuda a que eso suceda.

Verificable (Testable)

Una buena Historia de Usuario es Verificable. Se espera que el Equipo Scrum no solo pueda describir la expectativa que los stakeholders tienen, sino que también logren verificarla (probarla).

42

ESTIMACIÓN DE PBIS

Este capítulo nació como el número 5 del libro "Proyectos Ágiles con Scrum". Desde entonces, mi entendimiento acerca de las estimaciones cambió tan radicalmente que no podría sentirme en paz conmigo mismo si no te cuento una perspectiva actualizada en este libro.

Cono de la Incertidumbre

El cono de la incertidumbre describe la evolución de la incertidumbre durante la ejecución de una cierta iniciativa. Al comienzo, poco es conocido sobre el producto y el resultado del trabajo, por tanto, las estimaciones están sujetas a una gran incertidumbre. A medida que avanzamos en el camino de descubrimiento obtenemos mayor conocimiento sobre el entorno, la necesidad de negocio, la tecnología y el producto mismo. Esto causa que la incertidumbre tienda a reducirse progresivamente hasta desaparecer, esto ocurre generalmente hacia el final de la iniciativa, es decir, no se alcanza una incertidumbre del 0% sino hasta haber finalizado.

Muchos ambientes cambian lentamente, o no cambian, entonces permiten que la incertidumbre reinante puede ser considerada constante (evolución estática) durante la duración de una iniciativa típica.

En estos contextos la gestión tradicional de proyectos hace hincapié en lograr un entendimiento total mediante el análisis y la planificación detallada antes de comenzar a trabajar. De esta manera los riesgos son reducidos a un nivel en el que pueden ser gestionados cómodamente. En estas situaciones, el nivel de incertidumbre decrece rápidamente al comienzo y se mantiene prácticamente constante (y bajo) durante la ejecución del proyecto.

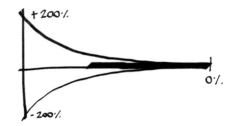

Ilustración: Cono de la Incertidumbre en un contexto estable

El contexto del desarrollo de nuevos productos, por el contrario, es un contexto complejo donde hay muchas fuerzas externas actuando para incrementar el nivel de incertidumbre, como lo son los cambios de negocio, los cambios tecnológicos y aquellos surgidos por la mera existencia del producto construido. Debido a esta razón, se requiere trabajar activa y continuamente en reducir el nivel de incertidumbre.

Investigaciones han demostrado que, en la industria del software, el nivel de incertidumbre al comienzo de un proyecto es del +/- 400%[1], esta incertidumbre tiende a decrecer durante la evolución del proyecto, pero sin garantías de ello.

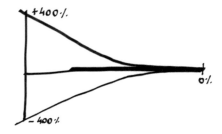

Ilustración: Cono de la Incertidumbre en un contexto inestable

170

Estimaciones en contextos complejos

Como es de esperar según los gráficos previos, proveer una estimación precisa en etapas tempranas de la creación de un producto tiene como consecuencia un compromiso poco probable de ser cumplido.

A medida que adquiramos conocimiento, nuestras estimaciones se harán cada vez más precisas. El problema aparece a la hora de estimar, cuando muchas de las decisiones se toman en base a supuestos que probablemente no sucedan o no sean los correctos.

"La propia palabra *estimación* deja en claro que no calculamos un valor exacto, determinístico. De hecho, toda estimación tiene supuestos, y estos supuestos suman incertidumbres."[2]

Como consecuencia, Scrum proponen comenzar a construir un producto sin la necesidad de tener una estimación precisa basada en supuestos y siendo conscientes de que la estimación inicial es de un orden de magnitud probable, para poder ganar experiencia y previsibilidad prescindiendo de supuestos.

Para mitigar el riesgo de proveer estimaciones incorrectas, vas a optar por reducir la precisión de las estimaciones en función de cuánto conocimiento tienes sobre el esfuerzo que se requiere estimar. De esta manera, los requerimientos y sus estimaciones se categorizan en diferentes niveles de precisión.

Escalas de PBIs y estimaciones

Podemos enumerar la siguiente escala de PBIs y estimaciones:

- **Alto Nivel**: Épica (bloque funcional) estimada en Tamaño (XS, S, M, L, XL).
- **Nivel Medio**: Historia de Usuario (funcionalidad) estimada en Puntos de Historia (Sucesión de Fibonacci[3]).
- **Bajo Nivel**: tareas o actividades estimadas en unidades de tiempo, preferiblemente menos de un día.

Al comenzar la construcción de un producto, el *Product Backlog* se compone de épicas que podemos estimar según sus tamaños:

- XS – Muy Pequeña
- S – Pequeña
- M – Media
- L – Grande
- XL – Muy Grande

Esto te permitirá tener una primera aproximación a la problemática de negocio, a las características del producto a construir y al esfuerzo necesario. Conociendo las prioridades de dichas épicas, se toman los de mayor prioridad y se descomponen en características más específicas, logrando de esa manera PBIs de menor nivel como, por ejemplo, Historias de Usuario. A las Historias de Usuario las estimarás utilizando la sucesión Fibonacci:

- 0, 1, 2, 3, 5, 8, 13, 21, 40, 100[45]

Para estimar las Historias de Usuario utilizarás una técnica comparativa llamada estimación relativa. Esto significa asignar uno de los números de la serie de Fibonacci a cada una de las Historias de Usuario. De esta manera, aquellas historias que tengan el número 2 requerirán aproximadamente el doble de esfuerzo que las que lleven el número 1, aquellas que lleven el número 3 requerirán aproximadamente el triple de esfuerzo de las que lleven el número 1, una vez y media el esfuerzo de las que lleven el número 2, etc.

Finalmente llegarás al nivel más bajo de estimación: la estimación en tiempo. Solo aplica a las tareas o actividades de las Historias de Usuario que han sido seleccionadas para formar parte de un determinado Sprint. En la Sprint Planning, estas Historias de Usuario son divididas por los Desarrolladores en tareas de, idealmente, menos de un día. Lo importante es que el dimensionamiento en tiempo solo se realiza para las tareas y no para las Historias de Usuario.

43

ESTIMACIÓN MEDIANTE PLANNING POKER

Comencemos por los orígenes: el Método Delphi. Una técnica creada por la Corporación RAND[1] hacia fines de la década de los 40's para la elaboración de pronósticos y predicciones sobre el impacto de la tecnología en la Guerra Fría.

Su objetivo es lograr un consenso basado en la discusión entre expertos. Este método se basa en la elaboración de un cuestionario que ha de ser contestado por una serie de expertos. Una vez recibida la información, se vuelve a realizar otro cuestionario basado en el anterior para ser contestado nuevamente.

Al final, el responsable del estudio elaborará sus conclusiones a partir de la explotación estadística de los datos obtenidos en las iteraciones anteriores.

El Método Delphi se basa en:

- El anonimato de los participantes
- La repetición y retroalimentación controlada
- La respuesta del grupo en forma estadística

Basados en el Método Delphi, Barry Boehm y John Farquhar elaboraron en 1970 la variante conocida desde entonces como **Wideband Delphi**. Se trata de una técnica basada en la obtención de consensos para la estimación de esfuerzos, llamada "wideband" porque a diferencia del método Delphi, esta técnica requiere de un mayor grado de interacción y discusión entre los participantes. Wideband Delphi fue popularizado en 1981 por Boehm en su libro *"Software Engineering Economics"* donde presenta los siguientes pasos para su ejecución:

- Un coordinador presenta a cada experto una especificación y un formulario de estimación.
- El coordinador convoca a una reunión de grupo en la que los expertos debaten temas de estimación.
- Los expertos llenan los formularios de forma anónima.
- El coordinador prepara y distribuye un resumen de las estimaciones.
- El coordinador convoca a una reunión de grupo, centrándose específicamente en aquellas estimaciones donde los expertos varían ampliamente.
- Los expertos completan los formularios una vez más de forma anónima, y los pasos 4 a 6 son repetidos para tantas rondas como sea necesario.

James Greening presentó en un paper llamado *"Planning Poker (o cómo evitar análisis parálisis en la planificación de liberaciones)"*[2] donde se basa en el método Wideband Delphi para realizar la estimación de requerimientos de forma colaborativa. La técnica consiste en que cada Desarrollador posee en sus manos una baraja de cartas con los números correspondientes a la sucesión de Fibonacci[3] y se siguen estos pasos:

- El responsable del negocio presenta una historia de usuario para ser estimada.
- Todos los participantes proceden a realizar su estimación en forma secreta, sin influenciar al resto de los Desarrolladores, poniendo su carta elegida boca abajo sobre la mesa.

- Una vez que todos los integrantes han estimado, se dan vuelta las cartas y se discuten principalmente los extremos.
- Al finalizar la discusión se levantan las cartas y se vuelve a estimar, esta vez con más conocimiento.
- Las rondas siguen hasta que se logra consenso en el grupo y luego se continúa desde el punto número uno con una nueva historia de usuario.

Este método fue popularizado en 2005 por Mike Cohn en su libro *Agile Estimating and Planning*[4].

La Sabiduría de las Multitudes (Wisdom of Crowds)

James Surowieki explica en su libro *La Sabiduría de las Multitudes*[5]: "Normalmente solemos favorecer la opinión de los expertos, pues consideramos que sólo una persona con experiencia y conocimientos suficientes es capaz de emitir juicios correctos en un área o materia en particular. Sin embargo, hay evidencias de que las decisiones tomadas colectivamente por un grupo de personas suelen ser más atinadas que las decisiones tomadas sobre la base del conocimiento de un experto".

La tesis detrás de la Sabiduría de las Multitudes es simple: dadas las circunstancias requeridas, un grupo de personas puede tomar una decisión más acertada que la mejor de las decisiones de la mayoría (si no todos) los integrantes del grupo individualmente.

Para que esto pueda suceder, Surowieki recomienda en su tesis las siguientes condiciones:

- **Diversidad de opiniones**: cada persona debería tener información particular aún si es sólo una interpretación excéntrica de los hechos conocidos. El grupo debe tener diversidad de perfiles.
- **Independencia**: las opiniones de los participantes no deberían estar influenciadas por las opiniones de los que los rodean, con el objetivo de evitar el Pensamiento de Grupo[6].

- **Agregación**: El grupo debería tener la capacidad de sumar las opiniones individuales y no simplemente votar por la mejor opción.

44

OUTCOMES VERSUS OUTPUTS

En mis cursos introductorios de Scrum siempre digo que las estimaciones no son tan importantes. El 90% de los participantes me queda mirando, creyendo que estoy loco por decir semejante cosa. Y lo sigo sosteniendo: En Scrum, las estimaciones no son tan importantes. Pero déjame explicarte por qué.

Fíjate esta frase: estimas lo que conoces, pero utilizas Scrum porque debes construir aquello que no conoces. Esto es una contradicción. Es decir, siempre que estimes el esfuerzo necesario para construir algo, partes de la base que conoces ese algo que quieres construir, pero si utilizas Scrum es debido a que no conoces anticipadamente lo que necesitas construir para resolver el problema o desafío de negocio que quieres resolver.

Por lo tanto, no tiene sentido utilizar Scrum y, al mismo tiempo, pretender estimar el esfuerzo de aquello que hay que construir. Entonces ¿cómo se manejan las estimaciones en Scrum? En Scrum no hay estimaciones de esfuerzo, sino de inversión.

Voy a ampliar esa respuesta: no hay estimaciones de esfuerzo necesario para construir productos conocidos, sino estimaciones de inversión que se está dispuesto a realizar para resolver una problemática determinada, sin saber con exactitud cuál será el producto finalmente construido. Esto nos lleva a decir: la inversión en tiempo y costo es fija y de alto nivel, mientras que el alcance es variable.

Esto nos lleva a pensar ¿cómo hace Scrum para mitigar el riesgo que conlleva la falta de precisión en las estimaciones? Lo hace apoyándose en dos aspectos: privilegiando los outcomes sobre los outputs y entregando frecuentemente un Incremento terminado.

Si lo piensas en detalle:

- Los outcomes son los resultados que la empresa o producto quiere o necesita lograr. En el caso de Scrum serían los Objetivos de Producto y Objetivos de Sprint.
- Los outputs son las acciones o elementos que contribuyen a lograr esos outcomes, por ejemplo, el plan del Sprint y las tareas que lo componen.
- Medir un output es medir el hacer, por ejemplo, la cantidad de *PBIs* o puntos de historia entregados.
- Medir un outcome es medir el resultado de lo hecho, por ejemplo, el grado de cumplimiento de un objetivo de negocio. Si estás construyendo características para incrementar las ventas, entonces sería medir el incremento en las ventas.
- Al medir los outcomes (incremento en las ventas) en vez de los outputs (cantidad de puntos de historia entregados), podrás saber si el producto que están construyendo resuelve las necesidades.
- Al entregar frecuentemente un Incremento terminado podrás medir los outcomes de forma temprana.
- Al aporta el mayor valor posible en cada Incremento debido al ordenamiento del *Product Backlog* estarás mitigando implícitamente los riesgos, tanto en la entrega de alcance como en el aporte de valor.

45

CONCLUSIÓN SOBRE ESTIMACIONES EN SCRUM

Muchas teorías y enfoques convergen en las siguientes características sobre estimaciones en Equipos Scrum:

- No tiene sentido presentar estimaciones certeras ya que su probabilidad de ocurrencia es extremadamente baja por el alto nivel de incertidumbre.
- Intentar bajar dicha incertidumbre mediante el análisis puede llevarnos al análisis parálisis[1]. Para evitar esto debemos estimar a alto nivel con un elevado grado de probabilidad, actuar rápidamente, aprender de nuestras acciones y refinar el *Product Backlog* frecuentemente. Este enfoque se conoce también como *Rolling Wave Planning* o Elaboración Progresiva.
- La mejor estimación es la que proveen los Desarrolladores. Será mucho más realista que la estimación provista por un experto ajeno al equipo.
- Las estimaciones son de inversión tolerada y no de costo esperado.
- El tiempo y el costo son fijos, el alcance es variable.
- Las métricas principales son de outcome en vez de output.

X

ANEXOS

46

EL FRACASO DEL MODELO EN CASCADA

La agilidad de negocios es un nuevo enfoque emergente de lo que inicialmente fue un movimiento con origen en el desarrollo de software. El desarrollo de software no es una disciplina sencilla. En las últimas décadas los lenguajes estructurados modernos, de modelado (UML) y posteriormente varias herramientas, intentaron sin éxito posicionarse como las "balas de plata" para resolver algunos de sus problemas recurrentes. Incluso se había llegado a contar con herramientas poderosas y procesos de modelado y diseño sin tener muy en claro cómo aplicarlos a la hora de construir el software.

No fue sino hasta la adopción amplia y consciente de las metodologías de desarrollo, que se encontraron soluciones adecuadas a muchos problemas. La mayoría de estas metodologías fueron introducidas desde la ingeniería civil, lo que resultó en un exhaustivo control sobre los procesos y las tareas.

El Modelo Secuencial de Procesos, también conocido como *Waterfall Model* o Modelo en Cascada, se convirtió en el modelo metodológico más utilizado dentro de la industria. Data de principios de los años setenta y tiene sus orígenes en los ámbitos de la manufactura y la construcción, ambientes físicos altamente rígidos donde los cambios se vuelven prohibitivos desde el punto de vista de los costos, y hasta prácticamente imposibles. Como no existía proceso alguno en la industria del software, esta condición no impidió su adopción.

La primera mención pública (reconocida) de este tipo de metodologías fue realizada en un artículo que data de 1970 donde el Dr. Winston W. Royce presenta -sin mencionar la palabra *Waterfall*- un modelo secuencial para el desarrollo de software que comprendía las siguientes fases:

- Especificación de requerimientos
- Diseño
- Construcción (también conocida como implementación o codificación)
- Integración
- Verificación o prueba y debugging
- Instalación
- Mantenimiento

El proceso *Waterfall* sugiere una evolución secuencial. Por ejemplo: primero se realiza la fase de especificación de requerimientos. Una vez que se encuentra completa se procede a una aprobación que congela dichos requerimientos, y es recién aquí cuando se inicia la fase de diseño del software, fase donde se produce un plano o *blueprint* del mismo para que los codificadores/programadores lo implementen.

Hacia el final de la fase de implementación, diferentes componentes desarrollados son integrados con el fin de pulir las interfaces entre ellos. El siguiente paso es la fase de verificación en la que los *testers* someten el sistema a diferentes tipos de pruebas funcionales mientras los programadores corrigen el código donde sea necesario. Una vez que el sistema responde satisfactoriamente a la totalidad de las pruebas, se inicia una etapa de instalación y mantenimiento posterior.

Los problemas detectados en los modelos tradicionales o de tipo *Waterfall* se fundamentan, por un lado, en el entorno altamente cambiante propio de la industria, y por el otro, en el proceso mismo de desarrollo de software donde el resultado depende de la actividad creativa de las personas más que de las prácticas y controles empleados.

A medida que han pasado los años, y con el advenimiento de las economías globalizadas, los entornos web y las aplicaciones que día a día accedemos en nuestros móviles, el contexto de negocio de los sistemas ha pasado de ser relativamente estable a convertirse en un contexto altamente volátil, donde los requerimientos expresados hoy, en muy pocas oportunidades son válidos unos meses más tarde. Bajo esta nueva realidad, las metodologías *Waterfall* resultaron muy pesadas y prohibitivas para responder satisfactoriamente a los cambios de negocio.

47

EL REPORTE DEL CHAOS

En el año 1994 el Standish Group publicó un estudio conocido como el *CHAOS Report* donde se encontró la siguiente tasa de éxito en los proyectos de desarrollo de software en general:

- 31.1% es cancelado en algún punto durante el desarrollo de este
- 52.7% es entregado con sobrecostos, en forma tardía o con menos funcionalidades de las inicialmente acordadas
- 16.2% es entregado en tiempo, dentro de los costos y con las funcionalidades comprometidas

Los datos publicados, entre otros, mostraron estos índices:

Sobrecostos	% de Respuestas
Menos del 20%	15.5%
21 - 50%	31.5%
51 - 100%	29.6%
101 - 200%	10.2%
201 - 400%	8.8%
Mayor al 400%	4.4%

Funcionalidad entregada	% de Respuestas
Menos del 25%	4.6%
25 - 49%	27.2%
50 - 74%	21.8%
75 - 99%	39.1%
100%	7.3%

Factores mas importantes para el éxito de un proyecto	% de Respuestas
Involucramiento del usuario	15.9%
Apoyo de la gerencia	13.9%
Claridad en los requerimientos	13.0%
Planificación apropiada	9.6%
Expectativas realistas	8.2%
Hitos más acotados	7.7%
Personal competente	7.2%
Compromiso	5.3%
Objetivos y visión claros	2.9%
Staff enfocado y dedicado	2.4%
Otros	13.9%

Factores mas comunes de cancelación de proyectos	% de Respuestas
Requerimientos incompletos	13.1%
Falta de involucramiento del usuario	12.4%
Falta de recursos	10.6%
Expectativas irreales	9.9%
Falta de soporte gerencial	9.3%
Requerimientos y especificaciones cambiantes	8.7%
Falta de planificación	8.1%
No se necesitaba más	7.5%
Falta de gestión IT	6.2%
Analfabetismo técnico	4.3%
Otros	9.9%

Factores mas importantes de desafío para los proyectos	% de Respuestas
Falta de input del usuario	12.8%
Requerimientos y especificaciones incompletas	12.3%
Requerimientos y especificaciones cambiantes	11.8%
Falta de apoyo gerencial	7.5%
Falta de conocimientos técnicos	7.0%
Falta de recursos	6.4%
Expectativas irreales	5.9%
Objetivos poco claros	5.3%
Calendario poco realista	4.3%
Nuevas tecnologías	3.7%
Otros	23.0%

Demora	% de Respuestas
Menos del 20%	13.9%
21 - 50%	18.3%
51 - 100%	20.0%
101 - 200%	35.5%
201 - 400%	11.2%
Mayor al 400%	1.1%

Las conclusiones de la investigación sugieren que el involucramiento del usuario y el empleo de periodos de tiempo más cortos son claves para incrementar las tasas de proyectos exitosos.

Bajo este contexto surgieron nuevas metodologías, como, por ejemplo:

- Metodologías en Espiral
- Metodologías Iterativas
- Marcos Ágiles

48

WATERFALL, LA ANÉCDOTA DETRÁS DEL ERROR

El origen

En 1985, el Departamento de Defensa de los Estados Unidos publicó el Estándar 2167 (DoD-STS-2167) que establecía un proceso homogeneizado para el desarrollo de software: el modelo en cascada.

Este estándar influenciaría a varios otros estándares significativos de la industria, como el JSP-188 (Gran Bretaña), V-Model (Alemania), GAM-T-17 (Francia), entre otros.

El modelo en cascada proponía un enfoque secuencial para el desarrollo de software, donde las diferentes etapas eran seguidas en serie, una detrás de otra: "Requerimientos, Análisis, Diseño, Codificación, Prueba y Operación".

El origen del origen

Este estándar se basó en un *paper* llamado *Managing the Development of Large Software Systems*, escrito en 1970 por Winston Royce. En la página 2 de dicho *paper*, se puede encontrar la clásica representación del modelo en cascada.

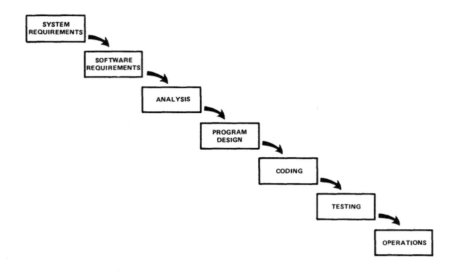

Lo interesante viene inmediatamente después. Winston Royce, conocido como "el padre de la metodología *waterfall*" escribe:

"Creo en este concepto, pero la implementación descrita anteriormente es arriesgada e invita al fracaso".

El problema se ilustra en la Figura 4. En palabras de Royce: "La fase de prueba que se produce al final del ciclo de desarrollo es el primer evento para el cual el tiempo, el almacenamiento, las transferencias de entrada/salida, etc., se experimentan en vez de analizarse. Estos fenómenos no son precisamente analizables. No son las soluciones a las ecuaciones de derivadas parciales estándares de la física matemática, por ejemplo. **Sin embargo, si estos fenómenos no satisfacen las diversas limitaciones externas, entonces se requiere invariablemente un importante rediseño**. Un simple parche o rehacer algo de código aislado no solucionará este tipo de dificultades. Los cambios de diseño requeridos son propensos a ser tan perturbadores que los requisitos de software sobre el que el diseño se basa y que permiten la justificación de todo el resto, son violados. O bien los requisitos deben ser modificados, o se requiere un cambio sustancial en el diseño. En efecto, el proceso de desarrollo ha vuelto al origen y se puede esperar un exceso de hasta el 100% del tiempo y/o costo."

Y aquí la mencionada Figura 4 del *paper*:

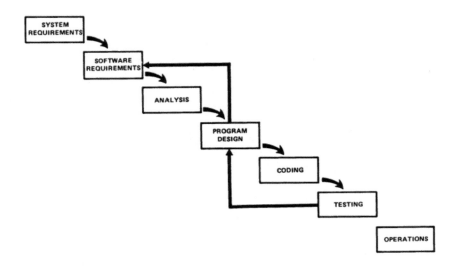

En definitiva, la propuesta de Winston Royce con respecto a la valida-ción del diseño y la incorporación de *feedback* temprano, en el mismo *paper*, es la ejecución de un piloto de aproximadamente el 30% de la duración total del proyecto: "Si el esfuerzo de ejecución es de 30 meses, entonces este desarrollo temprano de un modelo piloto puede ser programado para durar 10 meses."

En la Figura 7 del *paper* mencionado, podrás ver la sugerencia de Winston Royce de realizar un prototipo utilizable para la obtención de *feedback* que alimentaría las fases posteriores:

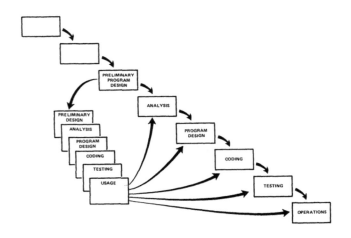

El malentendido

En 2003, Craig Larman y Victor Basili, publican un artículo llamado *Iterative and Incremental Development: A Brief History* en el IEEE Journal de junio de ese año, donde citan un fragmento de una entrevista/conversación que mantuvieron con Walker Royce, hijo del ya difunto Winston Royce. En esta conversación, Walker Royce menciona acerca de su padre: "Él siempre fue un defensor del desarrollo iterativo, incremental, evolutivo. Su artículo describe la cascada como la descripción más simple, pero eso no funcionaría para todos los proyectos, excepto aquellos más sencillos. El resto de su trabajo describe las prácticas iterativas en el contexto del modelo de contratación del gobierno de los 60s/70s (un conjunto de serias restricciones)."

Volviendo al estándar del DoD

Ya de vuelta en el Departamento de Defensa (DoD) de los Estados Unidos, en 1987, varios informes del departamento comenzaron a advertir públicamente en contra del 2167 basados en los pobres resultados alcanzados. En 1994 el estándar *waterfall* del Departamento de Defensa fue reemplazado por el estándar MIL-STD-498. Este nuevo estándar del DoD promueve el no uso del Modelo de Cascada en proyectos no críticos para la seguridad nacional, ya que genera grandes excesos de presupuesto y de costos debido a su enfoque formal y buro-crático. El MIL-STD-498 fomenta un enfoque más iterativo para el desarrollo de software y reconoce el hecho de que los requisitos cambian y el diseño es un proceso evolutivo.

Lamentablemente, no sucedió lo mismo con el resto de los estándares mundiales que se habían basado en el 2167.

Craig Larman, en uno de sus libros, menciona lo siguiente:

"En 1996 visité el área de Boston y almorcé con el autor principal del estándar 2167. Él expresó su pesar por la creación de la norma de la cascada rígida de un solo paso. Dijo haber sido influenciado por el conocimiento común y la práctica de la época, además de otras normas. Que no estaba familiarizado en ese momento con la práctica de desarrollo iterativo realizado en periodos fijos de tiempo (*timeboxes*) y requerimientos evolutivos, dijo que hubiera hecho una firme reco-mendación con respecto al desarrollo iterativo e incremental, en lugar de lo que había en el estándar 2167."

El DoD en la era de la agilidad

El 28 de octubre de 2009, el congreso de los Estados Unidos publicó la Ley Pública 111-84 (Ley de Autorización de Defensa Nacional para el Año Fiscal 2010) en cuya sección 804 enuncia las condiciones que el DoD debe seguir al momento de efectuar contrataciones con respecto a los Sistemas de Información.

Los contratos deben diseñarse de forma tal de incluir:

- la participación temprana y continua del usuario;
- múltiples incrementos, o liberaciones de rápida ejecución, de capacidades funcionales;
- la creación temprana de prototipos sucesivos para apoyar un enfoque evolutivo; y
- un enfoque modular, de sistemas abiertos.

Apartir de esta solicitud, el Departamento de Defensa emitió el reporte al congreso: *A New Approach for Delivering Information Technology Capabilities in the Department of Defense.*

En este reporte, comunican los cambios realizados a su proceso de contrataciones de servicios de desarrollo de sistemas informáticos.

Conclusiones

Siempre me llamó la atención cómo fue que el origen del modelo en cascada (*waterfall*) fue institucionalizado por el Departamento de Defensa de los Estados Unidos producto de una interpretación errónea del trabajo de Winston Royce. Años más tarde, el *DoD* corrigió este error, pero varios estándares del Gobierno de los Estados Unidos como de Gobiernos Europeos (Gran Bretaña, Alemania, Francia) que habían derivado de aquél no siguieron el mismo camino.

A partir del 2010, el Departamento de Defensa se volcó explícitamente a los modelos ágiles, tanto para desarrollos internos como para contratación de proveedores.

Muchos otros organismos significativos están siguiendo sus pasos.

En el año 1994 el Standish Group publicó el estudio mencionado en capítulos anteriores: *CHAOS Report*.

Once años más tarde de la aparición del Agile Manifesto, en 2012, el Standish Group publicó su clásico análisis anual de gestión de proyectos de la industria del desarrollo de software, ahora llamado CHAOS Manifesto[1].

En este reporte incluye una comparación entre *Waterfall* y *Agile*:

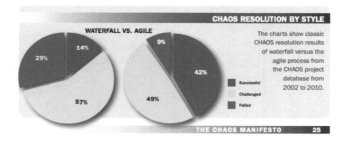

En ese año, indicaría:

"El proceso ágil es el remedio universal para el fracaso en los proyectos de desarrollo de software. Las aplicaciones de software desarrolladas a través del proceso ágil tienen tres veces la tasa de éxito del método en cascada tradicional y un porcentaje mucho menor de demoras y sobre-costos. [...] El software debería ser construido en pequeños pasos itera-tivos, con equipos pequeños y enfocados."

REFERENCIAS

A ti te hablo

1. ALAIMO, M., 2013, *Proyectos Ágiles con Scrum*, Dunken

1. Introducción

1. BECK, K., et al., 2001, *Manifesto for Agile Software Development*, https://agilemanifesto.org
2. DEGRACE, P., HULET STAHL, L., 1990, *Wicked Problems, Righteous Solutions: A Catologue of Modern Engineering Paradigms*, Prentice Hall

2. Manifiesto por el Desarrollo Ágil de Software

1. Originalmente es "Software funcionando ...".

3. Cynefin: la complejidad que nos rodea

1. SNOWDEN, D., KURTZ, C., 2003, *The new dynamics of strategy: Sense-making in a complex and complicated world*, IBM Systems Journal, n42, 452-483

10. Scrum sin valores es una caja vacía

1. URI, W., 2007, *The Power of a Positive No: How to Say No and Still Get to Yes*, Bantam

28. Agenda de una Sprint Retrospective

1. DERBI, S., LARSEN, D., 2006, *Agile Retrospectives: Making Good Teams Great,* Pragmatic Bookshelf

29. Anti-patrones en los eventos

1. LARMAN, C., VODDE, B., 2010, *Practices for Scaling Lean & Agile Development: Large, Multisite, and Offshore Product Development with Large Scale Scrum*, Addison-Wesley Professional

34. Un Equipo Real

1. KATZENBACH, J., SMITH, D., 2015, *The Wisdom of Teams: Creating the High-Performance Organization*, Harvard Business Review Press
2. ALAIMO, M., 2019, *Agile Coach Profesional*, MTN Labs
3. LENCIONI, P., 2012, *The Advantage: Why Organizational Health Trumps Everything Else In Business*, Jossey-Bass

36. Scrum Master y Equipo Scrum

1. BROWN, T., 2005, *Strategy by Design*, Fast Company

41. PBIs e Historias de Usuario

1. MEHRABIAN, A., 1981, *Silent messages: Implicit communication of emotions and attitudes*, Wadsworth Pub Co
2. JEFFRIES, R., 2001, *Essential XP: Card, Conversation, Confirmation*
3. COHN, M., 2008, *Advantages of the "As a user, I want" user story template*
4. WAKW, B., 2003, *INVEST in Good Stories, and SMART Tasks*
5. COHN, M., 2003, *User Stories Applied*, Addison-Wesley Professional

42. Estimación de PBIs

1. MCCONNEL, S., 2006, *Software Estimation: Demystifying the Black Art*, Microsoft Press.
2. FONTELA, C., 2007, *Estimaciones y Estadística*, Blog CyS Ingeniería de Software
3. Sucesión de Fibonacci: http://es.wikipedia.org/wiki/Sucesi%C3%B3n_de_Fibonacci
4. Con una leve deformación ya que se interrumpe la sucesión en el número 21 y se agregan luego los números 40 y 100.
5. También podrías utilizer potencias de dos en vez de Fibonacci.

43. Estimación mediante Planning Poker

1. La Corporación RAND (Research And Development) es un laboratorio de ideas (think tank) norteamericano formado, en un primer momento, para ofrecer investigación y análisis a las fuerzas armadas norteamericanas. (fuente: Wikipedia)
2. GREENING, J., 2002, http://renaissancesoftware.net/files/articles/PlanningPoker-v1.1.pdf
3. Se puede repasar en la sección de Escalas de PBIs y Estimaciones
4. COHN, M., 2005, *Agile Estimating and Planning*, Pearson
5. SUROWIEKI, J., 2005, *The Wisdom of Crowds*, Anchor
6. Pensamiento de Grupo: http://es.wikipedia.org/wiki/Pensamiento_de_grupo

45. Conclusión sobre estimaciones en Scrum

1. Análisis Parálisis: http://en.wikipedia.org/wiki/Analysis_paralysis

48. Waterfall, la anécdota detrás del error

1. Standish Group, CHAOS Manifesto, 2011

ACERCA DEL AUTOR

Martín Alaimo es formador y consultor dedicado a la agilidad de negocio y creación de productos. Por más de 15 años ha acompañado a empresas y profesionales del conocimiento en su camino de transformación hacia la Agilidad para el desarrollo y oferta de productos digitales. Desde 2009 ha tenido la fortuna de entrenar a más de 6.000 profesionales en América Latina, asesorar a empresas en 7 países de la región y publicar 4 libros acerca de los beneficios de la Agilidad y el Coaching Ágil en la innovación digital.

Podes encontrarlo en hola@martinalaimo.com

- instagram.com/martinalaimo
- youtube.com/martinalaimotv
- facebook.com/martinalaimo

Made in the USA
Thornton, CO
06/06/22 08:41:42